Clinical Seminars and Other Works
[新装版] ビオンとの対話
そして、最後の四つの論文

ウィルフレッド・R・ビオン

祖父江典人 訳

Ψ 金剛出版

CLINICAL SEMINARS AND OTHER WORKS

by

Wilfred. R. Bion

Copyright © The Estate of W. R. Bion, reproduced
by permission of H. karnac (Books) Ltd
Japanese translation published by arrangement with
H. Karnac (Books) Ltd c/o Cathy Miller Foreign
Rights Agency through The English Agency (Japan)
Ltd.

『ビオンとの対話——そして，最後の四つの論文』への招待

福間病院

松木邦裕

　読んでみて本当に面白く，読むたびに新しい発見をしたり誰かに薦めたくなる本，あるいはそれゆえに人にはあえて告げず，自分だけで密かにこころゆくまで楽しみたい本，こんな書物がこの世には必ず存在します。

　私にとって本書はまさにそのような本なのです。

　本書『ビオンとの対話』は，精神分析の書ではありますが，系統立った真新しい理論書でもなければ，臨床に即座に活用できる治療技法書でもありません。しかし，本書ほどに精神分析を感じさせてくれる，精神分析を考えさせてくれる書物はほとんど見あたらないでしょう。

　この書には，私たちの精神分析臨床現場にそのまま横流し的に使える気の利いた言葉やコツが羅列されているのではありません。だが，それにもかかわらず，読むことで精神分析臨床に私たちをそのまま入れてくれる書なのです。精神分析臨床の場で最も求められる「感性」が刺激されます。その意味では，まさに精神分析臨床での座右の書となる書物と言えるでしょう。

　ここには，ウィルフレッド・ビオンの精神分析を感じ，考え，沈み込む姿がそのまま浮かび上がり，私たちをその宇宙へといざなってくれるのです。

*

　精神分析に関心を抱いている人の中では，ウィルフレッド・ビオンの名は知られるようになってきました。しかしながら，その仕事については，まだあまり知られていないのが現状です。それには，もちろん，我が国におけるビオンの著作の翻訳出版があまりなされていないという事情が影響

しているることも確かですが，なにより当の英国や米国・南アメリカ，ヨーロッパにおいてもその業績が現在も吟味・検索の過程にあることが，なにより大きな要因のように私には思われます。

　ビオンは1979年に死去しました。その当時よりも現在において，彼の業績ははるかに高く評価されています。そしてそれは未来においてもっと高みに達することでしょう。

　このように死後にさらに格段に評価を高めた精神分析家はそれほど多くはいません。多くの精神分析家においても生前の名声は死後，すばやく忘れ去られてしまいます。こうした死後に名声を博している精神分析家は，真に創造的で独創的な人物でしょう。英国の精神分析約90年の歴史を紐といてみても，そこには数少ない人物しか見当たりません。メラニー・クライン，ロナルド・フェアバーン，ドナルド・ウィニコット，そしてウィルフレッド・ビオンがその光の中に照らし出されています。

　ビオンの正当な評価に時間が必要とされているのは，彼の提示したアイデアや感覚がその時代をはるかに越えて，斬新であったからです。ビオンが著作を著した当時，1960年代，そして70年代には，確かに高く評価する声もありましたが，ひとりの変わった老人の気難しいたわごとと見る冷ややかな見解もあり，彼の考えは当の英国精神分析協会においてさえ，決して消化され理解されているとは言えませんでした。

　しかしビオンは，彼を体験した，彼の感性にふれる機会を持った若い人たちには圧倒的なインパクトを与えていました。

　たとえば，英国の女性分析家ニーナ・コルタートは研修生のころセミナーでビオンに会ったとき，「これこそが，あのバシリスク（蛇に似た伝説上の怪物で，その一睨み，一息で人を殺したと言う）だ！」と思いました。もちろん彼女はバシリスクを見たこともなかったのですが，ビオンを見て確信的にそう思ったのです。けれども，彼女はやがて次には彼を最大限に尊敬し，魅せられました。それは，二度目の分析を受けるとしたなら，

「誰の追従者でもなく，自分自身である」ビオンその人だと決めていたほどでした（結局，彼女はその機会を持たないまま，1997年に死去しました）。

ニューヨークのマイケル・アイゲンは，若いころ一回だけビオンにパーソナルに会ったのですが，ビオンを見て「虫，それも，怯えた虫に似ている」と感じました。しかし「ビオンの発言は，まるで神託か，神秘な調べ」のようであり，「それまで話しかけられたことのない水準でビオンは話しかけていました」。それは神経や圧点のつぼを押さえ，そこに届く鍼治療のようでした，と語っています。

ビオンの分析を受けた米国西海岸の分析家ジェームス・グロットスタインやその後自閉症児の治療で名をなしたフランセス・タスティンの独創的な仕事ぶりにビオンの影響を見ることは，自然なことでしょう。

*

ビオンは1897年に生まれましたが，紆余曲折を経て精神分析家の資格をえたのは，50歳を越えてからであり，本格的に著書を著したのは60歳を越えてからでした。ビオンは晩成の人だったのです。

ビオンの斬新さは，カタストロフィックな解体感という人としての根源的不安を臨床での心の理解の基底に置いたこと，心的な排出とそのコンテイニングという心の原始的プライマリィ・プロセスに根差した母親と乳児の新しい心的交流モデルを提示したこと，認知とは情緒体験であるという斬新な見解を含む，思考（考えられる観念）の発達と思索（考えること）の展開による新しい心／パーソナリティの成熟モデルを示したこと，精神分析治療関係モデルとして，コンテイナー／コンテインド，PSとD，Kリンク，Oといった人間の本質についての理解につながるまったく独自の見解を表したこと，分析技法における解釈や直感の活用を心の誕生という新たな視点から述べたことなど，挙げるにこと欠きません。

こうしたビオンの精神分析での英知はじっくり学んでいただく必要があ

るものです。しかるに，本書『ビオンとの対話――そして最後の4つの論文』は，感じていただきたい著作です。

*

本書の内容を簡単に紹介しましょう。

本書は2部から成っています。前半は，ビオンとの対話（原題は「4つの討論」）というビオンが1976年4月にロスアンジェルスのある病院で持った4回の2時間ミーティングでの討論を収めています。

そのミーティングは25名ほどの精神科医，心理士を相手に開かれました。ほかにもビオンの討論を収めた著書はありますが，この対話が特に面白いのは，言わば，他流試合の様相を呈しているからです。つまりほかの著書では討論会はビオンやクライン派精神分析を知った精神分析家を相手に開かれていますが，ここでの聴衆は，そうした意味では違った考えに育てられてきている人たちなのです。ですから，そこにはなれあいのような雰囲気はなく，新しい出会いがあります。新鮮な緊張があります。

その緊張感の中でビオンが，考え，止まり，語り，もの想いにふけっていくのです。ビオンの語りは，あまりに重く，一方で逆に軽いユーモアや鋭いウィットに満ち，そしてあまりに厳密かつ直接的のようであり，ときに幻想のようであり，しばしばアフォリズムのようです。私たちの脳は，心は，感性は，乱れてしまいます。そうです。ビオンのそれらの言葉が，私たちの心に深く染み入ってきます。きっと精神分析セッションでのビオンその人なのでしょう。読者はビオンとの分析セッションに入っていくことでしょう。あなたは読みながら，それから何を体験されるでしょうか。

英国協会の精神分析家で著書『ウィルフレッド・ビオンの臨床的な考え方』（1996）を著しているシミントンは，彼の論文『治療的変化を起こす主体としての分析家の自由な行為』（1983）において，このビオンとの対話（「対話2」の自分は売女であると不安な女性についてのやり取り）を読んでいて，自らの心が解き放たれた体験を書いています。シミントンは

まさに本書を通して，ビオンとの分析を体験していたのです。

後半は，口演された晩年の4編の論文を収めています（原題：フォー・ペーパーズ）。ここで私たちは最晩年のビオンの叡知と感性に触れることができます。彼は私たちの心に残っている胎児の不安や感性に注目しています。その感性に出会う分析家のありかたを考えていきます。

論文は求められて，初めの3編は1976年に発表されています。このうちの2つは，米国トペカでのボーダーライン・パーソナリティについての国際カンファレンスで口演されました。ビオンならではの，まったく想像を越えた切り口に参加者は驚いたことでしょう。残りのふたつは英国精神分析協会で発表されましたが，最後の1編は没年の1979年に口演されたものです。ビオン，82歳のときです。この論文が，4編のなかでも今日でも最も引用されるものです。

ビオンは，精神分析とはいったい何なのか，精神分析家とはいったい何なのか，心（精神）とはいったい何なのか，人間とは，言葉とは，真実とはいったい何なのかを深く考え続けた人でした。

4つの討論やこれらの論文を読んでいくことで，私たちも精神分析や心について，考えをめぐらしていくことになりましょう。そしてそれは，私たちにいずれ必要な心の営みでありましょう。

*

祖父江典人氏によって本書の訳出は発案され，成し遂げられました。迅速になされたその訳はすでにきわめて上質のものでしたが，さいわいに私はその草稿に目を通す機会をえました。それはときとして頭を抱える難しさをともないながらも，ビオンからの新鮮な何かに出会えるという，感動的な充実感に満ちた幸せな活動でした。

実のところ私は，本書にじっくりと向かい合うのは，私自身のもっと晩年においてのことと考えていました。しかし，意欲的な心理臨床活動を続けている祖父江典人氏の熱意が，この時期にそうした機会を私に与えてく

れたのです。金剛出版を通して，これからは読者の皆様とそれらをさらに分かち合えることは私にとりましても大きな喜びです。本書の収められているビオンの円熟した語りに，「記憶なく，欲望なく，理解なく」無心に耳を傾けてみましょう。

1998年3月

目次

『ビオンとの対話──そして最後の四つの論文』への招待
　　　松木邦裕 ……………………………………………………………3

ビオンとの対話　1976
……………………………………………………………………11
　対話1 ………………………………………………………………13
　対話2 ………………………………………………………………33
　対話3 ………………………………………………………………57
　対話4 ………………………………………………………………82

最後の四つの論文
……………………………………………………………………97
　情緒の攪乱──1976 ……………………………………………99
　フロイトからの引用について──1976 …………………………115
　証拠──1976 ……………………………………………………123
　思わしくない仕事に最善を尽くすこと──1979 ………………135

　訳者後書き …………………………………………………………151
　ビオンの年譜 ………………………………………………………159
　ビオンの著作 ………………………………………………………161
　索　　引 ……………………………………………………………167

ビオンとの対話
1976

編者の覚え書き

　4回の2時間にわたる討論は，1976年の4月に，一週間の間隔を置いて，ロサンジェルスのブレントウッドにある退役軍人管理局病院で行なわれました。そこに集まった25人ほどの人たちは，精神科レジデント，サイコセラピスト，サイコロジストなどから構成されていました。この編集版では，その4つの会合記録の原文の半分ほどを掲載しています。すでに出版されている題材や繰り返しの部分は省略しました。

　1978年

　　　　　　　　　　　　　　　　　　　　　フランセスカ・ビオン

対話 1

質問 投影同一化の理論についてお話していただけますか。

ビオン 私は，メラニー・クラインの説明の他には，言うべきことはほとんどないように思います。クラインは，そこで万能的空想ということを言っています。つまり，人は自分が望まない感情や思考や印象をスプリットオフし，それらを他の人のなかに，もっと特定すれば母親のなかに，さらに言えば，存在の原初的な段階である，いわば乳房そのものへ排出する空想を抱くというのです。もちろん，乳児は何かを実際に**する**わけではありません。つまり，何も起こるわけではないのです。しかし，乳児はそうできるように**感じる**のです。それで，乳児は，自分が好まない自分の特性を取っ払えると**感じ**，その後他の人，――つまりオリジナルには，乳児が投影している母親であったり，乳房であったりするのですが――それらの人によって，その同じ特性が自分に向けられると怖れるようになるのです。つまり，この理論は，すでに存在している精神分析の諸理論にとって代わろうとするものではなくて，それにつけ加えようとするものです。

質問 あなたは，投影同一化のある局面を言い表わすのに「奇怪なかけら（bizarre bits）」訳注1）という用語を使っています。さらに詳しく話

していただけませんか。

ビオン　私は，それを専門用語として意図してはいません。しかし，メラニー・クラインと討論したとき私は，投影されると想定されるこういったかけら，つまり，人が好まない自分自身の部分は，いわばその人自身の外部に存在しているように感じられるかけらになるのだということを述べました。私は，この考えがあるタイプの行動を説明するのに役に立つと思います。

　私たちは，幼児期や乳児期に「戻ってしまうこと」について話します。私が思いますには，その表現は役には立ちますが無意味です。私たちのうちの誰が乳児期や幼児期に向けて，あるいは明日に向けてにしろ「戻る」というのでしょうか。戻らないのは明らかです。なぜ私たちは，人生のごく早期にその起源をもつと思われるこういった事柄をわざわざ話すのでしょうか。もし私たちが，乳児期や幼児期にある特性を伸ばすとするならば，それは何でしょうか。何が重要なのでしょうか。なぜ，何らかの精神分析的アプローチが必要なのでしょうか。その答えは，ありそうに思われます。そして，――それが正当かどうかは別にして――こういった推定上の早期の発達のいくらかでも明るみに出すことができれば，それは価値のあることのように思われます。おそらくはスプリットオフされ，何らかのやり方で取り除かれているこれらの特性は，忘れられていると言えましょう。そして，つまるところ私たちは，乳児のようにはふる

訳注１）ビオンは1956年の論文「分裂病思考の発達（Development of schizophrenic thought）」のなかで，奇怪な対象（bizarre objects）として初めてその概念を提出しました。スプリットされ，バラバラになった精神分裂病者の自我の断片が，病的投影同一化によって彼らのパーソナリティから放出され，それらが今度は奇怪な対象となって患者を取り囲み，迫害してくると患者には感じられるという概念です。

まい続けません。明らかに、これらの特性は、取り除かれているのです。あなたは乳房を目の前にしていたときのことを覚えていますか。いいや、それは、忘れられ、取り除かれているのです。ただし、こういった事柄は、忘れられてはいますが、何らかの古風なやり方で、人の心のなかに生き残っています。だから、それらは相変わらず活動しており、その存在を感じさせ続けるのです。私たちはそのことに気づいてはいません。気づいている人もいるかもしれませんね。このように古風なやり方でそれらは活動しますので、その人のやることにも影響を与え続けます。そうした理由で、アナリストは徹底的に分析を受ける必要があるとされるのです。

質問　徹底的に分析を受けるといった場合、それらの昔のことを意識化させるということをあなたはおっしゃっているのですか。深い解釈、たとえば、乳房との関係に関する解釈のようなものは、どんな効果を与えるのでしょうか。

ビオン　私の経験からでは、即座の反応は、そういう解釈はまったくナンセンスで、そのアナリストの欠点であるというものです。他にどんな初めの反応がありうるのか私にはわかりません。しかし少し時がたてば、あなたもそういう解釈には何かがあるかもしれないと考えはじめ、そして、自分がこの独特なやり方で確かにふるまっていることに疑問を持ちはじめ、その理論公式にも一理あるかもしれないと考えはじめます。しかし、理論に関して言えば、それがまるで「絶対的真実」であるかのように見なすことは、ばかげています。幸いなことにたいていの人は、その種の独断的な見解は、否定的に受け取りますし、それぞれ自分自身の観点を保持するようです。やっかいなのは、他人に理解できるようにいかに意見を明確でわかり

やすく述べるかということです。

　ことが忘れられた後にこういった昔風に作用するという考え方に，いくらか真実があるとすれば，これにはどうしたら良いのでしょうか。私がせいぜいできるのは，サイコアナリストが語る事柄のひとつとおそらく患者がみなす，ある観点に対して彼らの意識的な注意を喚起するということです。しかし，もしそれができることのすべてでしたら，単にそこで終わってしまうでしょう。私たちは，考えは浸透するということを想定せねばなりません。つまり，人は自分自身と交流できるのです。ちがった所からそのことを見てみましょう。——なぜ人は，アナリストを憎んだり怖れるというのでしょうか。それは，ひとつの**感情**です。そして，患者がそう言うならば，彼がそう思っているからそう言うんだということを私は疑おうとは思いません。その患者がそういう感情を抱いているとすれば，その感情というのは，どうやって意識のなかに浸透し，はっきり語られる地点にまで達するのでしょうか。これらの忘れられたこととその忘れられたことをはっきりと語る個人の意識的な能力との間には，コミュニケーションの方法が何かあるに違いありません。乳児というのは，怖れたり，怒ったり，敵意を感じたりすることができます。しかし，癇癪を起こす以外にその気持ちを表現する言葉を持っていません。分析においては人々は，恐怖や敵意や愛情を自分たち自身にコミュニケートさせ，それからそれを言葉で明確に表現するように移し入れることが可能なようです。できれば，アナリストが理解できそうに思える言い回しで表現するわけです。

　論点を変えます。2年，3年，4年，週に5回永遠に続いていく精神分析は，唯一のアプローチなんでしょうか。そうではないと願いたいものです。しかしながら，それにもかかわらず私は，もっと効果のあるものに出会ってはいません。そして，あくまでも分析を

続けたいと思うほどの充分な効果があると，私は納得しています。しかし，精神分析そのものに満足してしまうことは危険です。つまり，サイコアナリストは，精神分析に**不満**であらねばなりません。しかし，私たちの誰しも自分たちの考えを改めるという激変を嫌います。つまり，私たちがそんな風に変わるかもしれないと思うことは，自分たちの伴侶や職業や国や社会を変えるよう追い立てられていると感じるのと同じくらい，たいへん不安なことなのです。ですから，「この程度でよくて，これ以上はもういい」という圧力が，学ぶことに対する抵抗として起きるのです。

質問 確立されていた規範がすべて崩壊してしまった世界に直面したときには，人はもはやどんな上訴も頼みにならないということを，突然の激しい絶望に襲われながら悟ります。要するに，人はまったく自由ではあるが，カミュ^{訳注2）}やサド^{訳注3）}が「死の自由」と呼んだものを手に入れるのです。その時には，人は最高権威に訴えることができなくて，自分のあらゆる行動についての責任を負わねばなりません。「もはや罪人はいない」とカミュは言います。「ただ，責任をとるべき人がいるだけだ」と。これは，実存的に考えるなら，含蓄のあることです。不確かさの苦悩に持ちこたえることができないとき，人は，ずるずると既成の行動パターンに戻ってしまい，宗教や政治や哲学などでのある固定概念に落ち込んでしまうかもしれません。カミュは，それを「哲学の自殺」だと言っています。人によっ

訳注2）Albert Camus（1913-1960）：フランスの小説家，劇作家。小説「異邦人」などで，人間存在の不条理さと不条理さへの反抗を説きました。1957年にノーベル文学賞を受賞しています。

訳注3）Donatien Alphonse Sade（1740-1814）：通称マルキ・ド・サド。フランスの作家。放蕩などで獄中生活は計27年にも及び，ナポレオン体制化には自らの作品が当局の忌諱に触れ，死ぬまで精神病院に監禁されました。反逆の作家と言われています。また，性的倒錯を扱った作品からサディズムの語が生まれました。

ては，懇願するための超越的な根源としての新しい神を自分で創造し，一足飛びに信じようとするかもしれません。私の質問というのは，次のことです。あなたが，内省を身につけ自分と折り合いをつけることと，擬似宗教，それが精神分析であれ，一般的な宗教であれ，そういったものに依存してしまうこととの間で揺れ動いている患者に出会ったら，その患者を自己認識に導くことをどう思われますか。

ビオン　私は，人を導くということについて異論があります。なぜならば，私は，自分自身の人生でさえどうふるまったらよいのかわかっているとは思いません。長年の経験が私に教えてくれるのは，分別より運によって私がいまだ生きていることです。それが私に言える唯一の方法です。ですから，私は，他人の問題をどう解決すべきかと示唆することは好みません。もちろん，患者はあなたがたに，そうすることを求めます。そして，もちろんあなたがたも，知らず知らず，いつもそうしているのです。なぜならば，その人が週何日もオフィスに現われ，患者にも同様にすることを期待しているという事実そのものが，どう行動すべきかということを示唆しています。そして，私が分析のなかで独自な風にふるまったり，ふるまおうとするために，患者は，親の悪習に魅せられる子どものように，アナリストの良い習慣ではなくて，悪い習慣の方をたいてい身につけるものです。患者によっては，それらの悪習を何らかの症状に転換させ，その後彼ら自身でそのことをはっきり理解する，つまり，その問題を解決するまで，その症状を繰り返すことがあります。たとえば，私が両手で身振りをするように，患者は，ある習慣や癖を覚えるかもしれません。しかし，彼らがそれを身につけ，繰り返すならば，やがて具合悪く感じはじめます。つまり，患者たちは，その癖が**自分に合**

っていないと感じます。それで，何かのやり方でそれを直すようです。けれども，いつもそうなるというわけではありません。つまり精神病患者は，コミュニケーションの波長が正確に合っていなければ，ほとんど注意を払いません。とても几帳面で非常に正確なのです。だから，見当はずれの解釈を好みません。精神病患者は，そのような解釈を，何も言われなかったかのようにたいてい無視します。

質問 患者が忘れていたり，あるいは脇に置いている早期の記憶を，分析によってはっきり言葉にできるようになるなら，そのことはどのような変化をもたらすのでしょうか。

ビオン そういう変化は，それがはっきりと言葉にされるために起こるようですが，それが真実だとは私は思いません。ぶつぶつ言ったり，わいわいやかましい習慣が，動物たち，――たとえばもっとも顕著なのが人間という動物――によって発展し，それが分節化された言語にまでなったと私は言いたいのです。言語というのは，ここ数千年の間に発展してきた，まだ最近発明されたものなのです。私が話している目盛りでは，まったくゼロに過ぎません。重要なのは，はっきり言葉にするという患者の能力ではなくて，患者が比較的洗練された心の水準にその能力が届いているならば，この洗練され，教養があり，はっきり話せる個人と原初的な心との間で交流が起こりうるということです。この原初的な心というのは，次のような事実をモデルとして取り上げることで描きだせます。つまり，それは，私たちの系統的な祖先の資質の残存物であり，魚の解剖学的構造の痕跡としての気管裂であったり，あるいは尾っぽの痕のようなものです。

質問 それは,ユングの元型と似たことなのですか。

ビオン ユングは,おそらく同じことを語っていると思います。何か根源的な心,つまり,どんな人たちにも変わらないままに残っているような何かが存在します。人類がはっきりした言語によって交流できるほど発達しているなら,それは,もっぱら総合的な発達であると想定するのが合理的です。ですから,その発達は,単に話したり,それから自分たちのことを「ホモサピエンス」と名づけたりする能力を除けばたいしたことではないと言っているのではありません。

質問 私は,いろんな感情が意識のなかに「浸透してくる」過程について考えてきました。それはしばしば,喪失やあるいは恋に落ちたりするような外傷を人が経験しているときに起こるように思われます。

ビオン 私は「情緒の攪乱」訳注4)を,その種のかき乱し状態が続き,あらゆる種類の要素が突出し続けている状態として記述しています。たとえば,青年期においてがそうです(潜伏期も同様です。しかしその時期は別のやり方で処理されます。人は従順になり,情緒生活におけるどんな特別な兆しも示しません。なぜならば,情緒の攪乱は,いわば向きをぐるりと変えてしまっており,代わりに表面的な穏やかさが現われるからです)。時折,人はこの種の荒れに気づき,そしてまた,何らかの発達が懸命に起ころうとしていることにも気づきます。ある領域において生じるこのようなプレッシャーは,今まで受け入れられてきたその人の行動様式を壊したり,いまにも破

訳注4) 本書第2部「最後の4つの論文」のなかに同名の論文があり,そのなかでさらに詳しく論議されています。

裂しそうなものとして怖れられます。だから，人は他人を駆り立ててその助力をえようとします。そして，内側から彼にプレッシャーをかけてくる力を押さえ込むためのシステムのなかへ他の人々を組み入れようとします。それで，今度は彼に代わって他の人々が，外側から彼らにプレッシャーをかけてくるそうした力を憎むようになるわけです。

質問　患者がそうした力を処理することができないと感じ，その助けに外部の力を導き入れようとする場合に，まっさきに患者が頼るうちの一人が，あなたということはあきらかでしょう。あなたはそれをどう扱いますか。あなたは，彼の代わりにそういった力を処理することを決してすべきではないと思いますか。

ビオン　私は，おそらく自分には合っていそうですが，しかし，必ずしも患者には適しているわけではないような人生の方策，つまり，そこがその否定的な側面となるわけですが，そういったものの影響が患者に及ばないように努めます。もっとじかには，私は，患者に「あなたは表現していますよ」と言おうと思います。そのあとで，私の思う解釈が何であれ，それを伝えます。この解釈の目的は，そもそも患者自身が自分の問題を扱いうるもっとも大切な人なのだということを本人に示すことです。これは単純なことのようです。だが，実際には，とても難しいことなのです。人はいつでも，自分の観点から患者に影響を与えがちです。その観点には，意識的に把握されているものと，意識的には気づかれていないもの，つまり逆転移ですが，その両方があります。主な目的は，患者が自分のなかの恐ろしい自己，それが患者にとってどんなに恐ろしいものと思われていようとも，その自己を患者が怯える程度を少なくするよう援

助することです。道徳的な衝動というのは並はずれて原初的です。子どもを見つめて，「ああ」と非難の口調で言いさえすれば，言葉を知る前の，あるいは知る前と思える子どもはやましそうにたじろぎます。道徳体系，良心というものを正しく評価するためには，その原初的な性質を認識することが不可欠なのです。不幸なことに，私たちは，他のすべてのものの上位に位置するものをすばやく言うのに，「超自我」という用語を使わねばなりません。しかし，それは，あらゆる基本的で根本的なものの下に位置していることだってありうるのです。超自我を正当化し，合理的でまとまった道徳システムとまとまった心的空間を作り上げる種々の方法ならたやすく見いだせるのですが，そのために必要である地理学者が持っているのと同レベルのシステムを私たちはまったく持っていないのです。

質問 あなたは根源的な心について語っています。私が思うには，それは，起源的な心のようなものであり，誕生から私たちが身につけている部分としての心のようなものです。ある化石学者，化石を探し続け，たまにはそれを見つけるかもしれないような人について私は考えてみるのですが，それを治療過程，つまり化石と岩石を見分けることは困難ですが，たくさんの岩石をまるでそれらが化石であるかのように解釈することはたやすい治療過程と比較した場合に，私たちが来る日も来る日も患者たちの空想を聞き，それらの空想が蒼古的な心からやってきたものなのか，単に私たち自身の誤まった解釈にすぎないのか，それを正確に見分けることができるいかなる手段も持たずに，さきほど述べられた起源的な心のある一面をそれらの空想が表していると考えるとするならば，私たちはなんとひどく患者たちを傷つけているのでしょうか。

ビオン 心的な妨害という有害な性質が取り除けるとしたら，それは精神分析は決して害を与えるものではないと主張されるときにはじめて起こりうることです。

　私たちは，心に気づいたり，あるいは気づいていると思うようになり，心あるいはパーソナリティとは何かということを本当に考えることなく，理論のこと広大な上部構造を築き上げるようになります。私たちは，フロイトやユングやクラインの理論を学びます。そして，考えなければならないことを避けるために，それらの理論を全く硬直化した形で取り入れようとします。もし私たちがこのように精神的に化石化することから始めるならば，発達過程への意識的で意図的な援助を行なうことは私たちにはできません。

質問 あなたは，道徳というものを本能ほどに原初的なものだと思いますか。そこで，道徳がそれほど原初的ならば，それは何の役に立つのでしょうか。道徳は人を保護する役に立っているのでしょうか。

ビオン 昔は価値があったかもしれないが，現在はそうではないかもしれない道徳的態度を維持し存続させていくことは，多くの場合に有害です。たとえば，愛国心が価値ある特質を持っていることはおわかりでしょう。人が発達上のある段階で，同時代を生きている人々に対して誠実であることを学ぶのは大切なことだと思います。しかし，その時にはおそらく価値のある公式でも，その公式や周囲事情が適合する時期を過ぎてまで存続するならば，その公式はもう不適当な段階に達しているのだと思います。その種の道徳の存続は危険なものとなりえましょう。今日，人々が物事を行なっているその道徳基盤について考えてみましょう。国家や個人や集団の道徳を混乱させる人を糾弾することはまったくもってたやすいことです。けれども，

私たちはこういった態度を放棄することができません。ですから，道徳が原初的であるという事実は，それらが不当であるということを意味するわけではないのです。分析的な吟味は，これらの道徳の性質をあらわにするので，それによって患者が道徳に対して自ら決心できるようにし，そして，もし望むのなら，自らの考えを改められるようにすることです。それがなければ，患者たちは永遠にまったく同じことを感じ続けることになるでしょう。たとえ，人があるときには動物であったとしても，永遠に動物であり続けるわけではありません。また，人がある種の文明化された地位に達したとしても，それゆえにこういった動物的特徴をなくすことを望むべきでもありません。遺伝的な性質の継承について考えてみましょう。解剖学や生理学の諸理論はかなり満足のいく成果を成し遂げているようです。しかし，それらを心にも応用できるのでしょうか。こと解剖学や生理学に関して言えば，発生に関連した理論の幹部であるお定まりのコースをあらゆる発生はたどるのでしょうか。アリマキやアブラムシのような原始生態を見てみましょう。まるでシラミのようであり草のようでもあります。それらの生殖方法には，信じがたいものがあります。つまり，信じられない事実のひとつとして，ほとんどの発生がもっぱら雌なのです。すなわち，単性生殖によって増殖し続けます。ある段階になって，ある若いのが羽を持ち，その結果，羽を持たない世代が生み出されます。こうして，雄である唯一の個になるのです。

　観念の伝達ということに関して，私たちは心を広く持ってはいけないのでしょうか。それは，一人の個人によって成し遂げられるようなことでは明らかにありません。私たちの人生はあまりに短すぎるのです。ですが，観念が世代間で伝達していくと考えることは重要なように思われます。心的機能での伝達や創造の方法というのは，

これから見いだされねばならないものですが，ひどく複雑で，自然の法則にのっとった発生に適用されるような原則に沿うものとみなすことはできません。

　私たちが生きている世界に，私たちができることは何もありません。私は，私ではない広大な領域については何もできないのです。けれども，私は，私については何かをすることが**できる**のです。そうするためには，私は，たいへんな数の事実のなかから選択しなければなりません。しかし，私が注意を向けようとするものを選ぶことは，同時に，考察したり，話そうとは思わないものを選ばないということでもあるのです。換言すれば，制止です。私には，この過程というのは，スプリッティングという病理機制と区別できないもののように思われます。

質問　患者があなたに話していること，あるいはあなたに伝えようとしていることについて，何が関連しているのかを決めようと試みながら，患者に耳を傾けているときに，あなたは，一種の「自由に漂う」注意を勧めましたが……

ビオン　それはフロイトが述べた方法ですね，よい表現だと私は思っていますが……

質問　……出てくるものをそれとして新鮮に扱い，その一方で，あるパターンがあらわれるのを待つこと，そういったことは，私には，ひとつのセッションではなくて，一連のセッションにわたって，ゆっくりと築き上げられるものと思いますが……。あなたが一時間のなかで，あるいは何時間にもわたる流れのなかで，どのように働き，何を行なっているのか，そういったことに関する感触を私たちに伝える方法が何かありますか。私は，あなたが探しているものは一体何

なのか，あなたがしていることはどんなことなのかをわかろうとしているのですが，それは無理なことなのでしょうか。

ビオン　これまでやってきた以上に私にうまくできるとは思いません。しかし，あなたに知られたくないと私が思っている私についての何かまで，あなたに知られてしまうであろうという覚悟も必ず含んでいるのです。私は，その危険を冒さねばならないのです。あなたもまた，あなたが知ろうと望んでいないことまで見いだしてしまう危険を冒さねばならないのです。アナリストの立場というのは，いくらか偏見を持たれています。なぜなら，患者はすでにあなたが精神科医やサイコアナリストであることを知っており，最初からあなたのことを私生活にまで口をはさんでくる敵だとみなしているからです。結局のところ，人の心のなかにまで入り込んだり，入っていると思われる場合に私たちがすることほど暴虐なことはありません。外科においては，きわめて暴虐的侵襲が体に対して行なわれているという事実は，通常許容されています。しかし，その場合でさえも，体の組織への外科的干渉に対して強力な異義申し立てを行なう人がいるかもしれないことは除外できないのです。精神科医に面接にきている患者は，自分と話したがっているこの人が誰なのかを知りたいものでしょう。精神科医は，自分の非常な傷つきやすさに耐えることができねばなりません。人が成人期にまで生き長らえたということは，他人が知れば非難するであろうあらゆることをやってきたに違いないということなのです。人は傷つきやすいのです。最近のある判例で，弁護士の一人が精神科医の弱点に働きかけるのは良い考えだと決めたのは明らかでした。あなたが患者に敵対するために情報を集めようとしているのか，役に立とうとするためにそこにいるのか，患者にはわかりません。役に立とうとしてあなたがいるん

だということを信じるのは，通常患者にとって難しいものなのです。パーソナリティに対する侵害だとみなすほうがたやすいのです。

質問 私たちが，わかることすべてを包み込み，解決するような答えを見いだすことにまるで打ち込んでいるかのように聞こえました。そうなれば，私たちは，先に話された暴虐的侵襲を行なうこともないし，その結果共に取り組んでいるその人と距離を取ることもできるからです。

ビオン その通りだと思います。私たちは，できる限りのことをし，無知であることを嫌います。無知はまったく不快なものです。だから，私たちは答えを知ろうと打ち込みます。あるいは，答えを捻り出そうとしたり，議論を打ち切ってしまおうとする心の内側からの圧力に押されます。キーツ^{訳注5)}は兄への手紙のなかで，「負の能力」と名づけたものについて書いています。明らかにキーツは，これと同じ興味をそそる事柄について語っています。つまり，見たり聞いたりしたくないものについては，ほとんどの人々は打ち切りたいと思うということです。もちろん，あなたが見たり聞いたりしたことを語りたいのなら，事は難しくなります。シェークスピアが，あれほど言語化できたことが，卓越した業績とされる理由のひとつがこのことなのです。シェークスピアは人が見たくないものを言葉で表現することができました。

訳注5）John Keats（1795-1821）：イギリスの叙情詩人。詩以外にも洞察的思索を展開した「書簡集」が有名です。そのなかでキーツは「負の能力（negative capability）」を詩人にとって不可欠の能力として取り上げており，その意味するところは，詩人は不確かさに耐え，その不確かさのなかに居続けられる能力が必要だとのことです。土居健郎氏も『方法としての面接』（医学書院）のなかで，「負の能力」の意義に触れています。

質問 もし，私たちがセッションにおいて新鮮に心を開いていることで，何が進行しているのかを把握できたり，真に「聞く」事ができると考えるならば，そしてまた，侵襲の目的というのが，患者にとっての長い目で見た利益のためにあるのだと患者に信頼させれると考えるならば，その時私たちは，その侵襲を役立てるためにどうしたら良いのでしょうか。

ビオン そのことは，そういった問題を表面上にまで明るみに出したということになります。そうすると，今度はそういった問題を忘れることもできるのです。というのは，覚えられないことは，忘れることもできないからです。でも，実際は，事はそう単純ではありません。なぜならば，覚えていないほうがよいと感じられるような不愉快な経験もあるからです。だから，精神分析的探究の治療的価値についてのこの問題は，全く解決されていません。これまで精神分析的探究は，特別な害を与えているようにも思われませんし，それから利益をえたような人もいるでしょう。人は哲学的には次のことを主張できるでしょう。つまり，もし患者がそれに耐えうるなら，自分を知ることはよいことだということです。なぜなら，自分を知れば，自分の能力や潜在能力についていくばくかの認識を獲得できるからです。身体医学においては，患者がたとえ殺人者であっても，生きるべきであると考えるのは正しいと認められるようです。だが，精神医学においてはそうではありません。誰かを有能な悪漢にすることが良いことであると世間の人が同意するとは思えません。けれども，それはなぜいけないのでしょうか。腕や脚を治すことがよいならば，なぜ心を治してはいけないのでしょうか。もちろん，私はそれに対しての個人的な異論を唱えることはできます。すなわち，患

者がその腕を試しそうな第一番目の人が往々にして私自身だからです。これは戦争においてこれ以上もないほどに明白になるでしょう。あなたは，あなたを傷つけはじめるかもしれない傷ついた敵を処置しなければなりません。

質問 人々が自分のなかの苦痛を軽くするために，この侵襲に従ったり，アナリストを信頼するようになるその手助けを分析がするかもしれないことについて，あなたは楽観的なのですか。

ビオン いいえ，私は楽観的ではありません。けれども，そのことが正しい方針であると思っています。私は，私たちのアプローチのいささか初歩的な性質にもかかわらず，そのアプローチがもっとも重要なものであるとたしかに思います。しかし，私たちの叡知の成長は，私たちの知性と歩調を合わせそうなのでしょうか。ここで私は，「知性」を，こつを学ぶ能力というような意味で，軽蔑的に使っていますが，人間が，自らの手で地球から絶滅する前に，人間というのは一体どんな種類の生物であったのか発見すべきであるとのことは，もっとも急を要する問題かもしれません。「猿－芸（悪ふざけ）属」訳注6)は，他の生物よりはるかに先んじているのです。

質問 ここ2，3年間，当地において労働者が心理的に不安定になったときには，続いて彼らは病気に，実際に身体的な病気になっています。そういう病気は，心理的に不安定になる以前から始まっているのか，体が心理的な不安定に反応して知らせているのか，どうなのかしら

訳注6) ここは原文では，monkey-trick department となっています。ビオンは人間という猿属（monkey department）と猿芸（monkey trick）の言葉の引っ掛けをしています。それによって，人間の知性が猿芸の進化したものに過ぎず，本当の知恵としての叡知とは区別されるものだと言いたいようです。

と思ってきました。あるいは，心理的な不安定というのは，重い病気の前触れだったのでしょうか。

ビオン　身体病の利点は，それがたいてい尊重され，比較的理解されやすいものだということです。ですから，何らかの精神的な苦痛を抱いている人は，身体的な病気を歓迎します。なぜならば，それは少なくとも比較的理にかなった思いやりを受けるからです。すでによく知られているもの，それはあまり多くはないかも知れませんが，そういうもののなかへ逃げ込もうとする圧力があります。しかし，それには一理あるのです。こういった身体的なことは非常に早期から発見されます。たとえば，子どもは自分のペニスが自分自身や看護婦か誰かの指でいじられれば勃起するという尋常ではない動きに魅惑されましょう。ペニスは素晴らしいものです。つまり，それはユーモアを持っており，協力的で好意的な体の一部なのです。子どもは，とにかく自分の体がそれ自体のやり方でふるまい続けるので，まるで自分自身の体ではないような，そういった自分の体との友好的，あるいは扱い可能な関係を築く機会をえます。体のなかには，まるでそれ自体が脳や心を持っているように動く特別な領域があります。もし，私たちが，このことをよく知っていて，解剖学あるいは生理学用語で表現しなければならないならば，副交感神経は，脳を獲得したのかと言わねばならないでしょう。視床は，ある種の副交感神経的な思考をするのでしょうか。患者が強い不安の兆候を示す状況があります。その患者はまた，そういう不安を示さないようにも学んだかもしれません。その種の患者は，自分が赤面していると本気で訴えましょう。「今，私は赤くなっている」と。あなたは彼を見ます。そして彼は紙のように白いのです。それなら，それはどんな種類の赤面なのでしょうか。彼は知っています。なぜなら彼

は，こういった特別な表現方法を使ってみることができたからです。そのような場合，患者が何を言っているのかわかっていないとか，あるいは表現方法を取り違えているといった理由で，それを軽くあしらうだけだとしたら，おろかなことでしょう。実際，人は，それにおおいに注目しなければなりません。恐ろしいと言って，全然恐がっている様子を見せていない患者との間も同様です。そのひどい恐怖は，社会的にも患者にとっても受け入れがたいものなので，彼はその存在を無視しようとします。これを視床恐怖だと考えるのが都合が良いと私は思っています。私は，患者に「あなたが語っている赤面というのは，あなたにはあまりに苦痛なので，それを経験するぐらいなら死んだほうがましだと思うほどのものなのですね」と言うこともできましょう。しかし，言語的に取り上げていくことは，望ましいことなのでしょうか。この話す能力というのは，ずっと後になってから発達したものであることを思い出してください。

　こうした例の多くで，安心することを言ってほしいと患者から私たちは求められます。しかし，そうすると患者は，赤面がとてつもなく苦痛であったり，その恐怖がほとんど耐えがたいということを誰かがわかってくれると期待しても無理なんだということを，あらためて悟ることになります。私たちは，症状が，いわばないことで現われるという奇妙な在り方にきちんと気づいている必要があります。また，患者が「そうなんだ，私はどこも悪くないんだ。大丈夫です」と言うのを歓迎してはいけません。彼らは，あなたがかまわないで放っておくことを求めているのです。つまり，彼らは，自分のパーソナリティにまで侵入してほしくないのです。精神科医やサイコアナリストは，一般大衆から，脅威だと今後ますますみなされるようになりそうです。心や性格やパーソナリティに対する私たちの接近法は，国家自体を徐々に弱めていきそうなものであると思わ

れています。大衆は，今にも次のように言いかねません。「精神分析なんて，まったく恐ろしくばかげたものだ。このためにみんなが慎みのないふるまいや，性の乱れやそういったあれやこれやのふるまいをすることになるのだ。上品さとはまったくおさらばしてしまう」と。そういった非難は，精神科医たちが放っておくわけにはいかない問題を扱っていることが明らかになっていくほど，どんどん広がっていくでしょう。

対話 2

質問 面接中に生育歴を取ることが私には大切なことなのだろうかと思案してきました。それでも私は，まだそれをやめることができないのです。

ビオン まず，最初に考えなければいけないことは，あなた自身についてと，あなたの仕事のしかたについてです。何か特別なやり方で始めるのがあなたにとって都合が良いのなら，そうすべきでしょう。そのやり方が合っていないように思われるケースに出くわした時には，それを再調整することもできます。患者は生育歴を語るというルーティーンに慣れているものです。そして，あなたの方もまた，患者にそうさせることによって，彼らをリラックスさせるでしょう。そうでなければ，生育歴を語るというのは，患者にとってひどく奇妙なことなのです。もし，あなたが「さて，何をお望みですか」とか「いかがしましょう」と言ってはじめたなら，患者は「それを見つけ出したいと思って，ここにやってきたのです」と答えて，そこから進まなくなるでしょう。あなたは，その始まりについては何もわからずに，話の真っ只中に入ります。重要なことは，あなたができるやり方で患者に多くの手助けを提供することなのです。なぜなら，彼らは，なにをしようとしているのかわかっていない人たちだからです。彼らがなじんでいるその種のルーティーンを行なうこと

が彼らの立場を楽にするならば、それはうまいもくろみです。

質問 あなたが個人的には、患者とどう仕事しているのか具体的に知りたいのです。あなたは、どの程度まで患者が内省することに方向性を与え、患者が望むことを彼らに話させないで、あなたが話したりするのでしょうか。

ビオン 患者には方向性を与えていませんと言いたいものですね。しかし、実際はそうではありません。アナリストが自分はそんなことはしていないと思っているとすれば、それは大きな誤りです。理論的には、患者に言いたいことは何でも話すだけの余地を充分に与えています。ですが、実際には、あなたがただそこに存在するということだけで、状況全体を歪めています。彼らは、あなたのことをちらっと見ます。それから、あなたに語りかけようか、どんなことがあってもそうしないかのどちらかを決めるのです。その二人の関係は、二方向性のものなのです。その関係を明確に説明すれば、アナリストとアナライザンド（被分析者）について語ることが大事なのではありません。その二人の間にあることについて話すことが重要なのです。

質問 たいていの人は、まるでパーソナリティや心が人のなかに位置づけられているかのように語ります。私には、パーソナリティについての唯一良識のある考え方は、機能的な関係について語ることのように思えます。

ビオン 患者について私が話してきたことというのは、アナリストにも当てはまります。部屋のなかに、他の誰かが肉体的に存在していると

いうことは，彼の考え方を支配します。あなたは，その人を見ることができます。あなたはその人の言うことを聞くことができます。それゆえ，あなたは，あなたの諸感覚によって強く刺激されているのです。私たちは，性格あるいはパーソナリティには，見られたり聞かれたりする身体と同じような境界線があるものだと思っています。人はなぜ，ある種の心的現象が存在すると思うのでしょうか。もしあなたが，何らかの人々の集団，たとえば，サッカーの観客を見ますと，そこにはそういった人々の単なる肉体的存在以上のものがあるという印象を受けます。すなわち目には見えないある種のコミュニケーションがあるのです。それは，歓声や喝采によって聞くことはできます。言語的な表現があります。しかし，それは，感覚的に知覚できないものによる言語表現なのです。

質問 私は，あなたが言及しているその種の考え方を受け入れて考えてみたのですが，まるでそういう考え方が真実であるかのように治療面接のなかでふるまいそうで恐ろしいのです。私が恐れているのは，そもそも患者以上に自分がずっと気違いじみてふるまっているのではないかということのようです。

ビオン あなたの言うことは正しいと思います。もし心があると仮定すれば，どんな種類の心なのかという疑問がわきます。「気違いじみた」という用語は，広く一般に使われます。なぜなのでしょうか。もし，それが何か重要なことに関係していなければ，広く受け入れられた言葉になるでしょうか。そして，常にそうなようにもし人間に関係しているのなら，まさにその事態から誰かがなんとか免除されるとは想像できません。だから，私は，人々について気違いじみているとか，良識があるとか話すのが適切なことなら，それは人間すべて

に当てはまるに違いないことだと思います。人によっては職権上正常であったり，あるいは良識があり，また人によってはそうではないと推測するのは愚かなことでしょう。

質問 どうも私には，それがどういうことになるのかよくわかりません。確かに，「金髪」という言葉は，人間に当てはまります。ではありますが，金髪の人もいれば，そうではない人もいます。結論に私は同意しましょう。でも，「気違いじみた」という言葉が人間に当てはまるので，それはすべての人間に当てはまるに違いないという見解については，あなたがどんな風にそこに行き着いたのか私にはよくわかりません。

ビオン というのは，それがたいへん普遍的に使われ，何度も何度も繰り返し使用されるありふれた言葉のひとつだからです。私は，それがどの程度普及しているかを知るほど，諸外国の言葉には通じていません。実際，幅広く流通している言葉があるのも確かです。しかし，私は，言語学からさらにえるものがあるとは思っていません。アナリストとして私たちは，もうすでにその到達点を越えています。

質問 そのことや，私たちがこれまであれこれ話してきたことは，クライエントである誰かとの間で実際にあなたがどういう態度を取っているのかということと，どのように関係しているのでしょうか。

ビオン それはある意味で，もうすでに陳腐になっている難しい質問です。なぜなら，私たちがしていることに関しては，膨大な考え方があるからです。実際のところ，あなたと患者がひとつの部屋のなかに一緒に座っているのなら，それは独特な状況です。もし私たちがその

ひとつの関係の特殊性や特質を尊重する必要があると考えるのが正しいとすればの話ですが。あるひとりの人が私に会いにやってきます。彼は，私をサイコアナリストであると思っています。私は，彼が患者であると思っています。実のところはわかりません。あなたはどうするでしょうか。あなたは，あいさつ代わりに短い会話をかわしたりするのでしょうか。見知らぬ人と二人だけで部屋のなかに閉じこめられたあなたは，自分がどういう態度を取るか瞬時に決めなければいけません。患者が部屋のなかに入ってきたときに，自分がどうするのか，頼れる情報もほとんどないままあなたは決めなければなりません。こうしたとき，理論に頼ることは正当であると私は思います。身体医学においては，悪液質で赤い患者とただの日焼けの患者との違いは観察できるとされています。腕の良い医者は病棟に入ると重病の人がいることに，あるいは症状を目の前に示している人に気づくでしょう。分析においても同じことが当てはまります。つまり，ある人が他の誰かではないと知る何らかの特質に，私たちは気づくことができると考えられています。およそ3セッションぐらいは，精神分析は丸ごと大変役に立ちます。あなたは他に何もわからないのですから，ともかくもそれしか頼るものがありません。しかし，それは，あなたが当のその人に何かふさわしいことを言うことができるようになるためにであり，時間をかけてあなたが話している人はどういう人なのかを知るまで必要なだけなのです。

質問 私は，あなたが治療者として一般にふさわしい態度として考えているものを知りたいです。

ビオン それに対する私の答えは，何がふさわしくて，何がそうではないかを言うことはできないということです。基本的に，何もそれにつ

いてはできないのです。もしできたとすると，それはまちがっています。患者が悟らなければならないことは，彼らがその部屋で私といることに耐え忍ばなければいけないということです。彼らが医者あるいはアナリストとつき合っているという印象を私が与えたいとしたら，それは無駄なことです。私は，私がどういう人間であるかということについて，自分の意見を持つことができる誰かと部屋のなかに一人で居ることに立ち向かわねばなりません。その意見は，私が好むものでは全然ないかもしれないのです。ですから，その状況を気に掛けないとしたら，それが問題です。分析を受けることのひとつの利点に，あなたのアナリストがあなたについてどういう人間であるかコメントするという事実にあなたが慣れるということがあります。その結果，あなた自身が人を治療する時には，あなたは，その状況にもっと耐えやすくなりましょう。

質問 よくあることですが患者は，あなたがどういう人間なのか，あるいはあなたについて何か知りたいと口にします。先週も私は，自分のことを姓ではなく名前で読んでほしいと熱心に求め，私がそうしないことにひどく動転した患者に会いました。彼女は，以前に別の治療者を紹介され，面接を受けていたことがあります。彼女は，その治療者が彼女のことを名前で呼んでいたとすぐさま指摘しました。彼女はなぜ私がそうしないのかと尋ねました。彼女は私に遠ざけられていると感じていました。もし私が，彼女を気遣っているなら，名前で彼女のことを呼ぶだろうと言うのです。彼女は言いました。「私を姓で呼ぶのは，集金人だけだ」と。あなたならその事態にどう対処しますか。

ビオン 難しいですね。というのは，私はその場面にいたわけではないの

で。私は患者に次のように言ったかもしれません。「もし私が誠意を持っているなら，あなたをなんと呼ぶだろうかと，あなたはたいへん心配しています。私があなたのことをメリー・スミスとか何とか診断するのではないかとあなたは心配しているのでしょう。私があなたのことをあなたの選んだ名前で呼ぶなら，心配にならないのですね。けれども，あなたはもし私が誠実なら，私が使う言葉は何だろうかと心配しているのでしょう」。でも私は，その患者を知りませんし，私の言うことに彼女が耐えられるかどうかも知りません。

質問 彼女はそれに耐えられるでしょう。彼女は自分のことを売女(ばいた)だと思っています。そう彼女の父親はほのめかしました。彼女は，「私は複数の男性に性欲を抱いているので，父が正しいのです」と言っています。彼女は不倫をしています。つまり，彼女は結婚していて，子どももいるのです。彼女は他ならぬこの時点で，私とより親密になりたがっています。あなたが示唆したようなことでは彼女は引き下がらないでしょう。おそらく，彼女はあなたの答えに苛立ち，あなたが彼女のことを名前で呼ぶように言い張るでしょう。

ビオン なぜ姓字ではいけないのでしょうか。なぜ売女ではいけないのでしょうか。あるいは，売春婦ではいけないのでしょうか。そうでないと，何が困るのでしょうか。彼女は，売春婦あるいは売女と呼ばれたがっているのでしょうか。そうでないならば，何がこの物語のポイントなのでしょう。何から彼女の父親が正しいと彼女は確信しているのでしょうか。

質問 夫以外に，別の男たちとのセックスを彼女は望んでいます。だから，

彼女が思うには，自分は売女に違いないということです。もし夫から離婚されたら，うろつき回って，まるで身軽な売女のようにあらゆる男とセックスするのではないかと恐れています。

ビオン　あなたが語っていることから考えると，彼女をどう呼ぶかについての私の自由を彼女が制限したがっているそのやり方に彼女の注意を向けたいと思います。患者があなたに正しい解釈をするよう求めるなら，ちょうどそれと同じような制限になります。なぜ私は，彼女が売女，あるいはまったく別の何者かであるという考えを自由に抱いてはいけないのでしょうか。実際のところ私が自分の結論を自由に下せるということのために，なぜ彼女は私に腹をたてるのでしょうか。

質問　彼女が恐れているのは，売女であるとあなたが結論を下すだろうとのことです。

ビオン　しかし，なぜそういう結論を下すことが私には許されないのでしょうか。

質問　だから，彼女が売女であるとあなたは結論を下します。さて，あなたは何を言いたいのですか。

ビオン　けれども，私は，そう結論を下すとは言っていません。私が明らかにしたいことは，私の思考の自由を制限したいという願望があるということなのです。それを明確にするために誇張して言ってみましょう。患者が医者にきて，「先生，胸にしこりがあります。でも私は，癌とかそういった類のものであると聞きたくありません」と

言ったらおかしな話です。この患者は，診断を求めてきているのではないですか。そうでなければ，なぜくるのでしょうか。そのことは，あなたが彼女について考えたり感じたりすることを，彼女があらかじめ独断的に決めつけたがっていることと基本的に違いはありません。

質問 あなたの考え方には基本的にふたつの流れがあると私は思います。ひとつは，部屋のなかのあなたと誰かとの間に起こる相互関係にもっぱらあなたの関心があり，部屋の外で起こることにはあまり関心がないということです。二番目にあなたがもっぱら関心があるのは，この部屋のなかにいる人の行動パターンがわかることです。つまりあなたは，その人がなぜそんなふうなのかではなくて，どんなでどのような様子なのかを求めているように思われます。

ビオン 私は，どんな情報源からであれ，その人について知りたいのですが，自分で見たり聞いたりすることにこだわることへの私なりの理由は，経験――単に精神分析での経験だけではないのですが――によって又聞きの証拠というのはまったく当てにならないものだと確信しているからです。もし，人が自分で観察できるものだけに制限されていると感じると，ぎょっとします。なぜならば，人は自分自身のいろいろな感覚の不確かさを知っているからです。しかし，少なくとも，あなたが自分で見たり聞いたりできるならば，自分の言っていることの証拠をある程度つかめるのです。

質問 だからあなたは，その女性の父親が彼女のことを売女だと呼んだという事実を割り引いて聞いているのでしょうか。あなたは，彼女が売女なのか，あるいは彼女自身が自分のことを売女だと思っている

のかどうかを確かめようとしているのですか。

ビオン　いいえ。その話は，娘についてよりもその父親について多くを語っていると私は感じるのです。これが解釈のじゃまなのです。患者は私についてあるいは精神分析についてあまり知りはしないでしょう。しかし，私の解釈は，患者がどういう人間であるかということよりも，私がどういう人間であるかについて，ずっと多く彼に伝えるでしょう。解釈には，彼についてを彼に伝えてもらいたいものです。けれども，たとえ私の言うことが正しいと彼が思ったとしても，私がそう語ったとの事実は，私についてのことを彼に伝えます。

質問　その利点は何でしょうか。

ビオン　私には，事実を尊重するという点で大いに価値があるように思われます。ですから患者は，自分が事実をどう理解しているのかを重んじる必要があるのです。

質問　あなたは私を戸惑わせるんです。私は，精神分析や心理療法の研究からそういうことをはっきりわかっています。それによると，患者は，治療者との関係を受け入れ，いくぶん治療者のパーソナリティのある面を模倣するか，取り入れるということになります。しかし，私には，事実どうなのかはわかりません。なぜならば，会話における解釈というのは，基本的にはその出会いを続行させるためにあり，それによって，黒魔術のような何かが起こり，患者は治療者の強い自我あるいは良い自我を取り入れて行動を変化させるということがあなたの話から受ける印象だからです。治療者のなかには，むしろ荒れた生活を送る人たちがおり，そうした治療者の患者も最後には

荒れた生活をするようになるということを，私たちはよく知っています。また，治療者によっては型にはまっており，患者も結局型にはまってしまいます。ですから，私はそれが事実ではないのかと思います。あるいは，何か魔法が起こるまで関係を続行させることができるひとつの技法にすぎないのでしょうか。

ビオン　ここでもう一度私は，自分の経験を要約している理論に頼らねばならないでしょう。人間というのは，いわゆるはなはだかしこいものです。他にもかしこい動物たちがいます。例えば，サーカスで訓練された動物たちは，まさにロンドン名誉市長の行進のようにふるまうことができます。だから，患者もまさにアナリストのようにふるまうことがきっとできるのはおわかりでしょう。そして実際に，そういうことを彼らは学ぶのです。患者は，アナリストのさまざまな欠点や癖をかなりすばらしいものだと思うだけで，しばらくの間通い続けなければなりません。その患者は，**まさにそのアナリストのようになり，そして，まさにそのアナリストのように癒されます**。問題なのは，それが適切で満足のいくものとは思えないことです。そういう結果は，とてもたやすく，またとても素早く達成されるものです。患者がまさにアナリストのようになるのではなくて，**自分自身である**何者かになる段階に到達するのは，より困難で，いくらか恐ろしいことでもあります。つまり，それは，狂ってしまうことを意味するかもしれないからです。だから，患者は，しばしばアナリストのようになることに頼る方を選びます。子どもたちが素早く両親の悪癖を身につけるその早さはよくご存知でしょう。アナリストの悪癖は毎回患者に反映されます。それもとても素早く。

質問　あなたがどういう種類の悪癖を示すのか例示していただけますか。

ビオン それはできません。しかし，私の患者ならできるでしょう。願わくば，私はこういう特徴が患者の妨げになるよりも，助けになればと思うだけです。そして，私が役立つというよりも妨げにならないようなアナリストであって欲しいものです。

質問 あなたの話を聞いていると私には，あなたは起こっていることよりも起こっていないことについて語っているような印象が浮かびます。例えば，あなたは悪癖に気づいていないために，それがどんなものかを明確に語ることができないと言います。あるいは，あなたが解釈をする時には，それは患者についてよりも，治療者や彼がどういう人間であるかについて，より多くのことを反映していると言います。あるいは，あなたは自分が見ていないこと，あるいはやっていないことによって，患者の診断をつけている，ということなどです。

ビオン 私が見ようとしているのは，感覚的には知覚できないものです。だから，私は感覚的にないものについて語ろうとしていると，あなたが言っていることはまったくその通りです。

質問 会話中，あなたはまずもって「なぜ」とは言わないことがわかりました。あなたは，患者に「どんな」とか「どのように」と尋ねます。それから私は，ピアジェ[訳注1]やレヴィ＝ストロース[訳注2]が研究した人間行動の基本的パターン型を思い出しました。あなたは同じ方向に向かっているのではないでしょうか。

ビオン そうです。それは，基本的で，根本的なパターンです。まったく

重要でない事柄についても際限なく解釈しつづけることができるでしょう。しかし，実際には，根本的なことや根本的な言い回しについて解釈したいものでしょう。身体医学においては，このことは明らかです。検診においてまったく自明なものだけに関心が持たれるわけではありません。知りたいのは，その背後にあるものです。この患者は，なぜ単に顔が青白いだけではないのだろうか。これは，特殊な赤みだとなぜ考えられるのだろうか。そういうことは身体医学においては，相当に難しいことです。まして，私たちがいま論じているようなことは，私にはさらに難しいことのように思われます。そういうわけで私は，日常の生活や経験において，この根本的な言い回しは何なのかをじっくり考えることは良いことと思うのです。

質問 あなたはその水準に到達するための直接介入を勧めますか。

ビオン しません。なぜなら，個々人の賢明さによって，そういう介入は常に反駁されるからです。つまり，人は，「私に悪いところがあるなんて聞きたくもない」と感じますし，再び覆いをかけてしまおうとして，即座に防衛的な防御用のバリヤーを張ります。

質問 あなたはそれをどう扱いますか。

訳注1）Jean Piaget（1896-1980）：スイスの心理学者。「臨床法」と呼ばれる観察法を編み出し，テストのような機械的方法を用いず，面接により子どもの心理を探求しました。それにより子どもの自己中心的な世界の特徴である「アニミズム（物も精神を持っていると思うこと）」などの思考様式が明らかにされました。また，哲学的には構造主義の立場でした。

訳注2）Claud Lévi-Strauss（1908-）：フランスの文化人類学者。社会構造を言語体系との類比において，構造的にとらえようとしました。そして，未開人や未開思考のなかに人類に普遍的な思考を見いだそうとする構造主義的解明をめざしました。『構造人類学』などの著書があります。

ビオン　わかりません。

質問　しかし，あなたがそれを扱うことはわかっています。

ビオン　人はときには行なうでしょう。人々は，医者がだまされずに，彼らの問題を見いだすことをたしかに望みます。彼らに告げられていること，それが彼らの合理的な行動の合理的な説明になっているとしても，そのために彼らが私たちのもとにやってきているのではないでしょう。彼ら自身も，なぜくるのか表現するのはきわめて困難でしょう。実際に，私たちが扱わなければならないやっかいなことのひとつに，忘れられており，おそらくは何としても意識されることのない道徳があります。そういうわけで，患者が面接にきたときに，どんな考えを心に抱いているのか知るのがとても難しいのです。時間，つまり過去，現在，未来のなかに配置されたものとしてその事態を考えるよりも，むしろすべてが平面の上に描かれ，さまざまな輪郭線によって結ばれている軍事地図の観点からその事態を考えるべきです。これが意図するところは，人に語るということは，すべて「現在」「今，ここで」ということです。あなたは，部分，部分を識別できますか。もしできるとするなら，それをどんな風にしていますか。ひとつの方法は患者に次のように言うことです。「これには，とても長い歴史があります。こういったいろいろな感情は，あなたがそれらを実際に言葉で表現できるようになる以前の幼児のときからすでに抱いていたものです」。私は，このやり方には疑問があります。患者は，私が意図したことを理解できたり，私が注意を向けさせようと思った特徴を観察できるかもしれません。とはいえ，私は，どんな種類の言い回しが使われるべきなのかわかりませ

ん。『パイドン』訳注3）のなかでプラトンは，ソクラテスが言語交流の曖昧さについて語っていることを述べています。彼は，話し言葉というのは，絵画以上に伝えるものではないと指摘しています。同様に，絵画は解釈を必要とするゆえに曖昧です。2千年の間に，この問題に関して前進はなかったようです。ときおり，カント訳注4）のような哲学者は，言語の曖昧さに注目し，それがもっと正確で的確に表現されるべき必要性についてあらためて述べたりしています。残念なことに，私たちのような精神科医やサイコアナリストたちはそのことがまるで問題ではないかのように，そして，その問題をきちんと片づける前であっても，話す言語に関して私たちが何か重要な貢献をすることができるかのようにしばしばふるまっているように思われます。

質問 私は，あなたが人に対してあまりに多くを求めているように思います。

ビオン そうかもしれません。しかし，**私が求めているという事実は**，全

訳注3）Phaedo（パイドン）：プラトンの『対話篇』と言われる作品のひとつ。プラトンは，そのなかでソクラテスを中心としてさまざまな主題を論じさせています。パイドン（ソクラテスの弟子）は，ソクラテスが死に臨む前に，ソクラテスとその友の間に起こった議論を話しています。

訳注4）Immanuel Kant（1724-1804）：ドイツの哲学者であり，ケーニッヒ大学教授として生涯を送りました。カントは，ドイツ観念論の道を拓き，自我を認識の主体とすると同時に実践の主体として，意志的，人格的理性を人間行為の最高法則とみなしました。ビオンは，オックスフォード大学クィーンズカレッジにおいて，カント哲学者のH. J. ペイトンに出会います。この出会いで，ビオンの幅広い哲学的知識が養われたものと思われます。そして哲学との出会いは，ビオンに終生影響を与え，後に精神分析的認識論を発展させる基礎となりました。ビオンの概念として重要な「ものそれ自体（thing in itself）」もカントの用語です。ビオンはその概念を，たとえば究極の現実"O"を知ることができないように，そこにたしかに存在はするが知ることのできないものという意味で使っています。

くたいした問題ではありません。

質問 あなたが話しているときに，突然私は，ある出来事を思い出しました。私は，かつてある男と面接をしていました。その会話で，私は，「あなたは大学には行かないほうがよい」と言いました。私は，彼にその理由をすべて伝えました。こうして彼は帰りました。2年後，私は，アリゾナの人里離れた町をドライブしていました。そして，コーヒーショップに立ち寄りました。突然，この男が入ってきて，私と握手したあと言いました。「あなたが私に話してくれたことで，あなたには大変感謝しています」と。「あなたの助けになるようなどんなことを言いました」と私は尋ねました。「あなたは私に，大学に行くように言いました」。人は聞いてなんかいないのです。治療者の役割というのは，ある意味では，そこにあるということです。ちょうど黒板のように。おそらく，これがあなたの話の手がかりでしょう。おそらく，あなたは，この人のパターンは何だろうかと，あまりに一生懸命解明しようとするので，彼は，あなたの前で，ゆっくり考える機会をえるのです。

ビオン 患者が経験をうまく利用できるかどうかには，多くのことが関わっています。私は，患者が経験をまずくよりもうまく利用できるようにもっとできればと願っています。大事なのは，現実や事実を十分尊重し，それらを観察できるようになるかどうかです。私は，かつて二人の外科医とともに働いたことがあります。一人は，世界的な名声をえているウィルフレッド・トロッター[訳注5]であり，もう一人は地方ではよく知られている名医です。トロッターが皮膚移植をしたときには，うまくいきました。もう一人が皮膚移植をしたときには，専門的な技量は万全でも，皮膚は剥がれたり，拒否反応を

起こしました。トロッターは,『平和と戦争における群居の本能』という本を書いていますが,彼は,患者が訴えたいにちがいないことは,必ず極力敬意を払って聞いていました。彼は決して患者のことをつまらないといって軽視しませんでしたし,大変重要な人であるからといって軽視もしませんでした。私は,彼が王室の人を治療するために呼ばれたときの様子を見たことがあります。彼は,ただベッドに座り,その王室の患者が訴えたいことを聞き続けました。彼は言いました。「わかりました,では取り掛かりましょう」。それから,彼は,ずっと以前にやっておかれねばならなかったことを実行しました。まったく正当なこと,つまり単なる肋骨切除です。王室の肋骨をそれほど無礼に治療できる人は以前にはいませんでした。

質問 あなたはあまりにせわしなく患者の言うことを理解しようとしたり,聞こうとするので,その結果あなたのコメントは,患者が話し続けようとするように意図されており,結果として患者をもっと観察できるようにすることではないかと私は思うのですが。

ビオン おそらく。しかし,運が良ければ,患者は自分もまた,存在する事実,それが不快なものだとしても,その事実に立ち向かって注目

訳注5) Wilfred Trotter(1872-1939):1924年にビオンが医者を志し,ユニバーシティ・カレッジ・ホスピタルに進学したときに,ビオンはトロッターに出会いました。トロッターは,当時すでに有名な外科医で,ジョージ5世の外科医にもなりました。トロッターは,その専門的技術ばかりではなくて,人格的にも優れ,自分の間違いを正直に認め,それに耐えることのできる統合された人格の持ち主であったようです。ビオンはトロッターの人格にも大きな感銘を受けました。

また,トロッターは,当時の知識人がそうであったように専門外のことにも関心を向け,第一次世界大戦中に『平和と戦争における群居の本能』という集団心理学の著書を表わしました。S,フロイトも「集団心理学と自我の分析」(『フロイト著作集6』に所収。人文書院)のなかで,トロッターを引用しています。

できると感じるかもしれません。そこが難しいところなのですが，事実自体は，人間には受け入れがたいものなのです。科学のあらゆる法則に関して，誰でも，何でもそういう科学の法則にしたがっているという証拠は何もありません。現実の世界が，私たちの理解の範囲内にとどまっているのならば，とても都合の良いことでしょう。しかし，そうではありませんし，また，そうであるべき理由もありません。そういうわけで，私たちは事実を尊重することが大変重要なのです。こうして次には，他の誰かも同様に，事実をあえて尊重していこうとするかもしれません。それは広がってゆくのです。

質問 患者の配偶者や家族メンバーに会うことの意義について，精神分析サークルのなかでも議論のあるところです。事実に関心を持ち，又聞きを避けるあなたの観点から，それについてご意見をうかがえたらと思うのですが。

ビオン ある状況においては，家族に会わないわけにはいかないことに私は気づきました。私は好みませんが。なぜならば，私がえる情報というのは，たとえ明らかにコミュニケーションのつかない患者からでさえ，途方もない量なので，それを扱うのに精一杯だからです。もし，家族全体と会うことがあなたに適しているならば，私が思うには，そうすべきでしょう。他の誰かに適しているやり方に頼るのはよくありません。他の人は，違ったやり方をするという事実が役立つのです。そのやり方はあなたにヒントをくれるかも知れませんが，根本的に重要なのは，あなたが自分に合ったものを見つけることができるかということです。

質問 あなたは，あなたの考える治療におけるゴールについて話していま

す。そのひとつは，あなたが患者のなかに見ている患者についての事実，患者自身についての真実を患者に提示することです。もうひとつは，ひとりの人として患者に利用できるようにすることです。それらのことは矛盾しないのでしょうか。

ビオン　あなた自身を利用できるようにするということは，あなたが，それを単に何かの宣伝広告として考えるなら，ずっと理解しやすいものになります。あなたは，あなたが存在しているということ，そして，名前や住所があるということを知らせておかねばなりません。あなたがどういう人であるのか，どんな種類の人物であるのかは，アナライザンドが自分で自由に作り上げてよい種類の見解なのです。アナリストがアナライザンドに自由連想の意味を照らし返すことのために提示している，望ましくはそれほど歪んでいない鏡によって，アナライザンドは自分がどういう人間であるのかを推定できるでしょう。アナリストは実際には，患者がどういう人間であるのかを彼に語りません。しかし，アナリストがアナライザンドの前に差し出し続けようとする鏡によって，アナライザンドが自分の意見を形成できるようにします。アナリストが，患者に彼の性格がどうであるかを伝えることができると考えるのは誤りです。そのようないかなる試みも，ただ単に鏡の歪みになるだけでしょう。私は，アナリストがどんなパーソナリティであるかという事実と，真実を語ろうとすることとは両立すると思います。

質問　あなたは，人といるときに，あいまいなたくさんの情報に攻め立てられるとのことを，そして，あなたが探しているのは，事実や真実を発見することであると話してこられました。あなたは「事実」ということで，何を言いたいのですか。

ビオン 私は,たとえそれが何だか私にわからなくても,根本的な現実というのがあるのだということを言いたいのです。それが,私が「事実」と呼んだものです。しかし,私たちは,自分の感覚に囚われています。"La réponse est le malheur de la question"（原註：モーリス・ブランショ[訳注6]）——答えは,好奇心を不幸,あるいは病気にする——つまり,答えは,好奇心を殺します。破れ目から洪水が広がるのを防ぐために,ぴしゃりと素早く答えてしまいたい渇望がいつもあるのです。経験によって,あなたは,自分がいわゆる「答え」を出すことができるとはっきりわかります。しかし,それらは,実際には広がりを止めるものです。それは,好奇心を殺すひとつの方法です。特にもしあなたが答えは**これ**だと信じ込んだならば,そうなります。さもなければ,あなたは誰もまったくわかっていない切れ目や手に負えそうもない裂目を広げてしまいます。身体状況に関したことによっては,その裂目を,いくぶんもっともらしくふさぐ方法もあります。もしお腹が空いているならば,あなたは,自分の口に食物をいれることができ,そして,いわば自分を黙らせられると思えましょう。母親は,赤ん坊の口に乳房を含ませることができます。もし,彼女がそれを怒りや敵意の感情で行なうなら,愛情やいとおしさでそうするのとは違った事態になります。私たちが生きているこの宇宙についてのことを知りたいという心的な好奇心の領域においてさえ,この裂目は,時期尚早で早まった答えによ

訳注6）Maurice Blanchot（1907-?）：フランスの小説家,批評家。小説と批評において,一貫して死のテーマを扱い,また,文学がいかにして可能かという根本命題も追求しました。
　またブランショは,作品は作者から切り離された単独の存在であると主張し,作者個人のことを取り上げられるのを好まないので,現在の生死も定かではありません。J.D.サリンジャーのような隠匿生活を送っているのかもしれません。

ってふさがれやすいのです。

質問　アナリストは，好奇心の空間を広げることが患者の方向であると思われるときには，患者をそう導くことができるのでしょうか。そして，解釈あるいは答え，つまり，万能的な答えではなくて，空間を限定するような答えによって，患者を導くことができるのでしょうか。

ビオン　そうであればと思いますが，それは，大変疑わしいと思います。なぜなら，私たちは，患者が裂目をうめたいと熱望するのを共有せざるをえないからです。患者は，アナリストが確かにわかっているのだと信じたいし，そう思えるような口実を見つけたがるのです。そして，もちろんアナリストは，喜んでそれに従います。それは抵抗しがたいものなのです。もし抵抗すれば，あらゆる好奇心を絶やしてしまいます。あなたがわざと情報や知識を出し惜しんでいるとみんなは思うのです。

質問　タヴィストック・カンファレンスにおいては，「答えは，集団のなかにある」ということがしばしば言われます。この言い回しは，くり返し使われます。調べてみると，初めはそれは決定事項のように聞こえますし，それは，答えはあるんだ，それも，私たちのなかのまさにこの場に答えがあるんだということを言っています。その後，もっと調べていくと，それはあまりに腹の立つことになります。なぜならば，答えを求めて集団を調べていくことでは，それも際限なく調べていっても，通常答えは出てこないからです。あなたがその理論，つまり，「答えは集団のなかにある」ということに関して，いくらか考えを共有しているのではなかろうかと私は思っているの

ですが。

ビオン　それは便利な考えだと思います。なぜならば，調べる領域を限定しているからです。運が良ければ，そのなかに真実を見つけられるでしょう。問題なのは，答えが好奇心を弱めるのか，あるいは好奇心を情報量豊かで統制の取れたものにするための序章となるのかということです。私に関しては，いかなる発言も統制のとれた好奇心を実践するための序章となるなら，有用です。

質問　あなたはグループに無意識があると思いますか。

ビオン　その考え方は捨てがたいものです。また，その考え方によって，他の発見もグループにはあるということが曖昧になることも望んでいません。そういうことは容易に起こってしまうのです。私には，本題があるので，これはこのくらいにしておきましょう。心を持つと仮定することは，なぜ物事全体を混乱させるのでしょうか。ご存知のように意識と無意識の理論はたいへん生産的でありました。それは，その有効性や有用性を私たちに疑わせるほどに，生産的であったようです。もし，あなたがグループにアプローチするならば，これにさらなる理論を追加しなければならないことが明白になるでしょう。なぜならば，現存する理論は，それなりの価値はあるのですが，この目的のためには十分ではありません。ここしばらくの間，裁判所は「社会復帰」を取り上げるようになってきています。彼らは，私たちにも意見を求めています。なぜなら，処遇，つまり，有罪か無罪か，また刑罰か放免かに関する昔ながらの経験的な形式ではもはや事足りないということがわかってきているからです。だから，自由な好奇心があらわになり，それはさらに拡大しています。

物事を処理する方法全体に疑いがさし挟まれているのです。

質問 私には,「かしこい」「頭のよい」「知的な」のようないくつかの言葉をまとめてしまうという問題点があります。あなたの話からすると,私たちは基本的な言葉を聞くための共通感覚(コモンセンス)を持ったほうが良いと言っているように思われます。これは,私自身の受けとめ方なのですが。

ビオン もちろん,共通感覚を持つためには,共に働く諸感覚を持たねばなりません。そして,それは自然のうちになされているため,かなりうまくいっているように思われるものです。幼児は,聞いたり,匂ったり,見たりするものを調和させることができています。ある共通感覚を人がどのように達成するのかについては言えません。年を取るにつれ,私たちの感覚が共に働かなくなることを知るほうが簡単です。私は昔は運動をしていましたが,もはや運動選手ではありません。私の身体機能がうまく調和しないからです。思うに,これは共通感覚にも当てはまります。

質問 そうすると,あらゆることが進行中で,たえず変化しているのですか。

ビオン そう思います。そういうわけで,私は「攪乱」について話してきました。水と髪の毛を描くことに取りつかれたレオナルド・ダ・ヴィンチの例を取り上げましょう。彼は,そういう方法でそのような考えや感情について「線を引く(区別をつける)」ことがとてもうまくできました。私たちの仕事において,この攪乱は,ときどき名前がつくほど突出する場合があります。たとえば,思春期です。そ

れは何かの答えになっているでしょうか。それは，そうした空間をふさぐことのひとつではないでしょうか。そうなると，あなたがたは次のことを決して問わなくなります。つまり，その攪乱に何が起こっているのか。なぜそれがその時に出現しているのか。可愛い少女に話し掛けているはずなのに，若い女性であるとわかるのは，なぜなのか。それも**あなたがた**が彼女に話し掛けている**間に**。あなたがたが，責任のない可愛い男の子に話し掛けているはずなのに，彼が実際もうすでに若い父親になっているのはなぜなのか，といったことです。

対話 3

質問 あなたはまだグループワークをやっていますか。あるいは，まだグループワークに関心を持っていますか。

ビオン まだ関心はあります。しかし私には，実際に行なう機会はほとんどありません。なぜなら，大いに価値があり，興味深いと思う個人分析がとても忙しいからです。誰かここでグループをやっている人はいますか。

質問 はい。しかし私は，グループに関わる方法を患者との仕事に応用するのが有効なのか疑っています。入院患者の小さなグループをやってみましたが，それがあまり有効に働いているようには私には思えません。

ビオン 家族グループに関しても，それが役に立つとは思えませんか。

質問 私はまだ，家族にそれを用いるところまできていません。サブ・グループの形成やベーシック・アサンプション（基底的想定）訳注1）に陥っているグループの意味は理解しています。私は，家族の生活は，ベーシック・アサンプションができあがっており，ある意味でつがいグループだと思っています。今のところ，私個人の生活にお

ける内的な活動の複雑さが扱いきれないのです。

ビオン 個人と関わっていて強く印象づけられることのひとつに，何が基本で，何が根本なのかという疑問に，ほとんど何ら考慮がなされていないように思えることがあります。身体医学においては，根本原理は何なのかを定義する何か方法があるのでしょうか。医者は何に関心を持つのでしょうか。あなたがたは，あなたがたの観察や時間を拡散させたくないとの思いから，何を根本的だと呼ぶのでしょうか。

質問 私は，精神医学においてもバイタルサイン，つまり血圧や脈拍と同

訳注1） basic assumption：ビオンは第二次世界対戦中，戦争神経症を患った兵士の治療のために，精神科医としてノースフィールド軍事病院に赴きました。そこでビオンは，6週間の集団リハビリテーションを実践します。それが「治療におけるグループ内緊張（Intra-group tensions in therapy）」として発表され，ビオンのグループ療法におけるデビュー作となりました。しかし，この論文は，軍人精神科医としてのビオンの有能さを遺憾無く発揮し，戦争神経症の兵士たちの団結力や士気を高めるのに高い成果をあげたものの，後のビオンの人間心理への深い洞察力を窺わせる天才の片鱗は見せていないように思われます。グループ療法においても，ビオンがその天才性を発揮しだしたのは，やはりメラニー・クラインとの出会いのあとでした。ビオンは，クラインの分析を 1945 年から受けはじめています。そして，タヴィストック・クリニックで，グループ療法をはじめだしたのが 1948 年です。ビオン自身クラインとの分析によって，自分の直感力を格段に高めたと語っています。そして，その成果が「グループにおける経験（Experiences in Groups）」として，1948-1951 年にかけて発表されました。そのなかではじめてビオンは，ベーシック・アサンプションの概念を提出しました。

ビオンはグループには二つの異なったグループ心性があることを明確にしました。そのひとつのワーク・グループは，合理的で合目的的なグループ行動や心性ですが，もう一方のベーシック・アサンプションというのは，無意識的で，精神病性不安に対応するような原始的心性であるとのことです。そしてビオンは，ベーシック・アサンプションをさらに3つに下位分類し，「闘争－逃避」，「依存」，「つがい」に分けました。この概念化によって，ビオンはグループ・メンバーが無意識的に形成するグループの精神病性不安という現象をとらえることができました。それによってビオンは，精神分析的で，洞察的なグループ療法への道を大きく拓いたのです。

じように根本的なものがあればいいのにとよく思います。心身医学においてバイタルサインを考えることはできますし，また精神医学においても想定できそうです。しかし，治療において，グループあるいは個人と働いていくうえで，血圧や脈拍や呼吸数や体温と同じくらい容易に「正常」の基本線となるものを設けることは，はるかに困難です。私は，あなたが「根本原理」と言う場合に，そういうことについて語っているのかどうかはよくわかりませんが。

ビオン　そうだと思います。

質問　そういうことよりさらに根本的なことだと思うのは，身体医学においては，ある人が自分から医者の前にあらわれ，そして，「ここが痛い」と言う時に，あなたがそこを見れば，そのあたりに何かを見つけるでしょうし，患者は，あなたが痛む原因を探している部位や領域を少なくとも同定するのを手助けすることに協力できるということです。しかし，心的な舞台においては，問題がどこか他のところにあるのに，あなたはある部位を見ているのかも知れません。患者が指摘するたいていの部位は，隠されています。つまり，身体医学ではそういった部位を指摘する方がかなり多いのです。

ビオン　私たちは痛みの重要性を過大評価すべきではありません。身体医学においてすら，激痛だけれどもたいして大事ではない痛みもあります。体のなかには，痛みにたいして非常に敏感なところがあります。だから，痛みの激しさを唯一の基準としたら，誤ってしまうでしょう。

質問　痛みの激しさとか，痛む部位は，援助者の注意を引きます。だから，

患者は，もっと協力します。

ビオン　その通りです。痛みを，かなりの情報を提供する症状とみなすのが大切なことは確かです。しかし，その激しさは，軽視されることも多ければ，みせかけだったりもします。患者が，「恐ろしい」と言うことがあります。アナリストは，陳腐な決まり文句によって隠されているときでさえ，根本的なものを識別しなければなりません。身体医学においてさえ，もちろんそういう痛みを診断し，「解釈」しなければならないのです。

質問　精神医学の分野においては，そういう痛みを解釈する試みはずっとなされてきたと私は思います。私たちの言語には，そのために発達した記述用語がもっとあります。

ビオン　そうです。しかし，お話にならないほどまだ不十分です。私たちの観点からすると，特に私たちが言語交流にたいへん重きを置くようになって以来，それに関しては驚くほどにこれまでほとんど何ら進歩を遂げていません。言語の根本的な機能が何なのかは，知り難いものです。それは，母親が自分の子どもと交流したいと思うようなやり方で，役立つ交流をすることでしょうか。あるいは，ごまかしや嘘や言い逃れのためにあるのでしょうか。ごまかしや暴露はどちらも根本的な活動です。子どもたちとの経験を積んだら，あなたはどんな印象を受けるでしょうか。言語交流が子どもにとってなんと速やかに大切なものになることでしょう。そして，それはなぜでしょうか。

質問　子どもたちが言語を発達させはじめる時期には，バラツキがありま

す。それはおそらくは社会文化的な水準によります。社会的な領域が何であるのか知ることは重要でしょう。ある時点で意にかなっている音声とは何でしょうか。ある時点において，ある音声を作ることの社会的な重要性とは何でしょうか。そして，人はどんな音声を作るのでしょうか。

ビオン　私は，身体的な誕生が大変印象深いという事実に感銘を受けています。産科医の見解，婦人科医の見解，統計学者の見解は，「いつ生まれたのか，日にちと時間は？」にすべて基づいています。誕生という**事実**は，たしかに個人や集団に深い印象を与えます。しかし，身体的な誕生が，たいていの人が思うほど印象深いものだと決めてかかるのは，あまりにも限定的なように私には思えます。身体医学において，出生前史が非常に重要であるということは認識されているのです。

質問　そのことが患者との臨床での仕事において重要であると言うのですか。

ビオン　この点に関する論議の欠如が盲点になっていると思います。フロイトは，私たちがあまりに印象づけられた「誕生という印象深い中間休止（caesura）訳注2）」という概念を発達させました。彼は，それに深くは踏み込みませんでした。私たちの観点からすれば，これはたいへんな失策です。

質問　どういった方法でするのですか。あなたは，どういうふうにそれを役立て，カウチの患者に直面させるのですか。患者の誕生における外傷をどう使うのですか。

ビオン　まず最初にすべきことは，その存在に気づくことです。もし，外科医がいわゆる「気管裂」と呼んでいるえらの痕跡があるなら，つまり，私たちの発達において，実際に魚の祖先や両性動物の祖先などの諸段階を通過しているなら，私たちの心においてもそうでないはずはありません。これは，ここで語りうる純粋に学問的な問題です。しかし，あれやこれやの訴えを抱えてやってくる大人とつき合っているときに，私たちは何について語ったり，考えたり，あるいは観察したりしているのでしょうか。

質問　あるいは，5歳の子どもや……

ビオン　そうですね。あなたは，子どもが誕生日に生まれると考えていますか。臨月の胎児には，性格やパーソナリティはないのでしょうか。

訳注2）caesura：第二部「最後の4つの論文」のなかの「情緒の攪乱」や「フロイトからの引用について」などで，さらに詳しく討論されています。また別に，caesura自体を題名にした『The Grid and Caesura』というビオンの著書もあります。

　そもそもcaesuraというのは，音楽での楽節中の切れ目や詩の行での区切れを意味する用語ですが，S，フロイトがそれを「制止，症状，不安」（『フロイト著作集6』に所収。人文書院）のなかで誕生行為と関連させて取り上げました。すなわちフロイトは，誕生行為という中間休止によって子宮内生活と最早期の乳児期は分かたれるが，私たちが考えているよりもその二つの時期にははるかに連続性があるのだと言っています。そして，フロイトの考える連続性とは，子宮内においても誕生後においても，母親の果たす機能は（より生物学的ケアか心理学的ケアかという違いはあれ），子どもを守り養育するという点では同じだということです。このようにフロイトは，その連続性を母親側の視点から論じました。一方ビオンは，フロイトとはやや違い，子どもの側の視点からその連続性を論じています。すなわちビオンは，誕生前の子宮内生活の時から，子どもにはすでになんらかの心や心のひな型のようなものがあると考えているようです。

質問 私は，早産児を持つというまさに特別な経験をしました。この子は，5週早く生まれたのですが，分娩室でこの子が誕生する前の3日間，私は，この子と関わっていました。この子のパーソナリティを知っていると私は感じました。医者たちは，この子を自然分娩させるかどうかを決めるために，胎児の心搏を計りに部屋に入ってきていたのでした。彼らは，帝王切開になりそうだと思っていましたが，この子の心搏はとても強いものでした。帝王切開の必要はありませんでしたし，私は，この子の強さを感じていました。

ビオン ありそうなことですね。身体医学の都合のために，子どもが心理的に生まれる準備ができるまで待つということができなくなってしまいました。いわゆる子どもの自然な発達に一致するわけではない何らかの危機状況のために，誕生の時間が決められてしまうと言ってよいかもしれません。

質問 その子が生まれたときには，まだ十分な準備ができていなかったことは明らかでした。臨月で生まれた二番目の子と比べて，その子の本能は発達していませんでした。お乳も吸いませんでした。自分からお乳を飲み，乳房をくわえることができるようになるまでには，いろいろなだめすかすことが必要でした。それに対して，もう一人の子は，本能的にお乳を吸いました。彼は，肝臓が発達していなかったので，黄疸に罹り，病気になりました。

　あなたの話を聞いている間，私は次のようなことを考えていました。これまではそういったことを一緒に考えたことはなかったのですが。つまり，その子は，この世に5ないし6週間早く生まれたことによって，まだその準備ができていない諸事万端を，精神的にこなしていくように強いられたということです。その後，それは彼の

行動のひとつの特徴になりました。いまでは彼は，精神的に早熟で，数年早く物事をこなそうとしているようにいつも見えます。彼の親友は，5才ほど年上の子です。私には，あなたが結びつけて考えるのかどうかわかりません。私は，今までそれを結びつけて考えたことはありませんでした。

ビオン　私たちには，わかりません。そのようなことを議論するに関して大事なことは，ここにいるすべての人の経験を結集することができ，それからおそらく私たちが，これまであなたが述べてきたさまざまな要点を考慮に入れるならば，もっと理解しやすくなるであろうある種の行動様式に開かれているということです。高い知能と叡知の区別をすることが役に立つと私は感じています。

質問　出生前の期間について語る場合，あなたはどんなことを考えているのでしょうか。

ビオン　私は，議論を単純にするために，それを身体的な誕生前の期間という意味で，厳密に考えています。そして，中間休止をうわべで見ている通りにとても重要なものであると受け入れています。しかし，心に関しては，生理学的な観点からそう見えているほど，それが重要なものかどうかは，まったく別の問題です。私たちは，この主題を扱うためには，自然科学の用語を使い，自然科学の言語を借用しなければなりません。いま現在私は次のことを感じています。それは私には私が体験してきた，そして今も体験していることによって実証されるように思われるのですが，子どもの誕生後にはじめて生じてきているというのなら決して理解できない症状を私たちは観察しているとみなすべきことがたくさんあります。そういった事柄を

あたかも科学的に正確であるかのような言語を作り出さなくても論じることができればどんなにいいだろうと私は思うのですが。でも，その言語は，私たちが科学的にそれを使えるようになる時期が来るまでは，私たちにとって最良のものなのです。「副視床」恐怖を考えてみるのは有用です。それによって，情緒のなかには「概念化」，あるいは意識化，あるいは言語化と呼ばれるような地点にまで至っていないものがあるということを言っているのです。たとえば，あなたが話していた未熟児を例に取りましょう。あなたは，その人物にどんな種類の心的生活を観察することができますか。それは，未熟児や生理学的対象ではなくて，未熟な心を扱っていると仮定しての話ですが。あるいは，耳窩，あるいは眼窩について考えてみましょう。胎生学者たちはこういった奇妙なものが何であるかについての自分たちの見解を持っています。なぜならば，経験によってそれらが耳や目になりそうだとわかっているからです。眼球を圧迫することによって光を見ることができると考えるようになるなら，この圧迫が，羊水中の胎児にも同じような効果を作り出すことができるということはありえないでしょうか。この観点からすると，胎児が「見たり」「聞いたり」できるのはいつなのでしょうか。

質問 胎児は，音楽的な音を聞くことができ，そして反応するということがわかってきています。

ビオン それについては，何の疑いもありませんが……

質問 胎児は，あるリズムに反応して**子宮のなかを動き**，そして指で押すと応答を返します。

ビオン 精神科医やサイコアナリストはいつになったら胎児まで届くのでしょう。彼らは，いつこうしたことを聞いたり見たりできるようになるのでしょうか。ごく小さな子どもは，やすやすと観察ができています。しかし，その観察は，「さあ，きなさい，ぐずぐずしないで」と答える大人の，おそらくは感受性をより欠いている観察に比べ，信頼性の乏しいものとみなされるでしょう。子どもは，自分が感じたことについてなされた低い評価を従順に受け入れます。つまり，それは抑え込まれ，「抑圧されたものの回帰」〔Freud, *Standard Edition, Vol. XIV, pp.154*〕訳注3）として戻ります。それが相当に劇的になって初めて，気づかれるようになるのです。つまり，成人したその人は，概念的な考え方にしみ入るような風にふるまいます。そして，ついには誰かが「この人は，幻覚を起こしている，妄想を持っている」と言うのです。しかしそれは，大人が狂っているとか神経症的だとみなしているある種の見たり聞いたりできる能力の名残りかもしれないのです。

質問 実際に患者を診るにあたって，あなたはそれらのことをどのようにあなたの考え方あるいは体験と結びつけるのでしょうか。

ビオン あなたがたはできるだけ諸々の印象に開かれていなければなりません。残念なことに，私たちのトレーニング全体は，私たちの動物的な特徴，あるいは動物的な能力の犠牲上に成り立っているように思われます。私の言うことにまるで注意を払わなかった患者がいました。しかし，彼は，私の言葉が彼を飛び越えていくのに引きつけ

訳注3）抑圧されたものの回帰：S，フロイトが「抑圧」（『フロイト著作集6』，人文書院）のなかで論じています。そのなかでフロイトは，抑圧されたものは消滅するのではなくて，症状形成や代理形成の形を取って回帰してくると言っています。

られていましたし，その後，彼がカーテンの模様の上に私の言葉がつかまるのを見ていると考えることに魅惑されていました。また私は，自分の部屋の壁の上方にある装飾をとても面白がるちっちゃな子どもに会ったことがあります。面白い理由は，それらの色に彼を笑わせるに足るだけの理解できる意味があったからです。私たちには見えない，こっけいなことが見える成熟したおそらくは知的でもある大人は，「気が狂っている」とか「正気ではない」とか「精神病的」だなどと言われます。私たちは正しいのでしょうか。あるいは，それは観察力不足，事実に対しての感受性の欠如にすぎないのでしょうか。それは，患者が見ることができるものを私たちが見ないし，見ることができないためなのでしょうか。ちょうど，そういった声が空中を通り抜け，カーテンの上に張りつくのと同じように。

質問 患者はそれを見たといったのですか。それともそれは，患者のふるまいからあなたが推測したことですか。

ビオン それは，患者のふるまいからの私の推測でした。

質問 あなたは，そう推測するような何を見たり聞いたりしたのですか。

ビオン 私は，そんなふうに彼が見ているんだとわかりました。また，私が彼に言ったことを彼がまったく考えていなかったと観察することもできました。私の見方からすると，彼は，考えたり話したりする通常の方法を何ら重視しませんでした。私が作り出した音声のパターンは，彼にとっては，何の意義もありませんでした。

質問 誰かを喜ばすには，意味があることが必要なのでしょうか。たとえば，部屋のあちこちの色が子どもを喜ばせますが。

ビオン 私には，あらゆる人にとって意味を持つことがどうして必要なのかわかりません。つまり，意味というのは，観察された事実を私たちがどう解釈するかにかかっているのです。身体医学では，「そうです，その患者には悪液質性の発赤があります。それは何々です」と言うことができます。それからあなたは，診断にとりかかります。それはすべて，あなたには明白な種々の事実をどう解釈するかにかかっていますが，まず何よりも事実が明白であらねばなりません。そういうわけで臨床的な観察はとても重要なのです。早熟な子どもは見て観察し，そして見て観察したものに意味があると考えることができます。早熟な胎児はどうでしょうか。胎児は，見たり聞いたりすることに意味を見いだすと言えるのでしょうか。もしそうならば，胎児は怒った声を聞くことができることになります。胎児は，それらを解釈することができるのでしょうか。それらに意味を考えることができるのでしょうか。そして，あなたが20歳，30歳，40歳，どんな年齢であれ，ある歳の患者に会っているときに，起こっていることについてその患者が考えることができる意味があるのでしょうか。そして，その意味は，もし私が胎児に話しているのならば，理解できるように思われましょうか。それが理解できない理由はただひとつ，私が大人に話しかけているためなのです。

質問 私が，私の臨床で患者たちに会っているところで，今話されたことが暗示したり，意味していることという点から考えたとすると，あなたは事実としてどんな種類のことを指しているのか，さらに，解釈するために何を使っているのか，私にはとらえられません。

ビオン 説明できそうもありません。それは，部分的には，私たちが話さないわけにいかない言語がひどくあいまいだからです。もし，私が患者の身体状態を説明しているのなら，「ごらんください，そこの皮膚のその色合，それは単なるあざではありませんね。何か他のものです。つまり，医学的に見ると，その下に隠されたもっと重大な事実があるひとつの症状，あるいはサインです」と言うことができましょう。ここで論議することによって，私たちは実際の患者に接触する際に何を見るかについて，もう少し繊細になれるかも知れません。内科医や外科医や精神科医が先入観から自由になり，事実に敏感になるには訓練が必要です。医学についてたくさんのことを知ることは，実に役に立つかも知れません。そう思う人もいましょうが，しかし，もっとずっと大事なことは，それが自分の感覚を犠牲にした上でなされるべきではないということです。患者を見たり，あるいは患者の言うことを聞いたりする場合，私たちは見たり聞いたりすることに，まさにその時に繊細でなければいけません。そして，「観察」するというところから，その「意味」へと向かわねばなりません。

質問 あなたは，先に「理性（reason）」という言葉を使いました。ホッブズ訳注4）やロック訳注5）が理性に大変関心を持った17世紀以来，ほとんどの哲学者は，そんなものはないことに同意しています。つまり，私たちにとって，理性的であることは，中国の人とかどこかの現地の人にとっては，理性的ではないのです。あなたは，学ぶことは，「理性」，あるいはその背後の事情が何であれ，人間の行動様式に向けて完全に心が開かれることであると言いました。完璧に心の開いた状態に加えて，そんなものがもしあるとするならば，ひと

つの集団としての私たちは、コミュニケートするためにどんな接近法に頼ることができるのでしょうか。あなたは、言語的交流には限界があることを強調しています。しかし、国の生まれや言語などを超越しうるような、つまり語られる言葉を単に完璧に理解できるかどうかということを超越した何か基本的なものがあるに違いありません。

ビオン 何と言ったらよいのでしょう。教育を受けさせたいと思っている子どもを持つ私たち誰しもにぐさりとくることです。私たちは何をすべきでしょう。おそらく基本的であると思われる唯一のことは、私たちが何を**なす**べきかではなくて、私たちがどう**ある**べきかとい

訳注4）ここは原文では Hobbes ではなくて Hobson と記載されています。また、原書巻末の索引でも J.A.Hobson として載っていますが、John Atkinson Hobson は20世紀に活躍した経済学者、あるいは自由主義思想家であり、本文中の「17世紀」という発言と矛盾します。したがって、ここはロックとしばしば並び称される17世紀の哲学者ホッブズの間違いとして訳すことにしました。
 Thomas Hobbes（1588-1679）：イギリスの哲学者。契約論に基づく政治哲学を論じました。すなわち、人間は自然の状態においては、本性は主我的で常に戦争状態にあるので、国家は不安を除くために約束によって強固な政府を必要とすると説いています。代表作は『リバイアサン』です。

訳注5）John Locke（1632-1704）：イギリスの哲学者、政治思想家。イギリス経験論を創始し、自由主義イデオロギーを契約説によって論じました。ロックは、認識そのものの起源、限界まで吟味し、その認識的経験論はカントにも影響を与えました。
 なお、ここで「理性」という言葉が登場していますので一言つけ加えますと、理性というのは、イギリス経験論によると後得的なもので、人生経験によってえられるという立場にあるようです。一方、キリスト教圏ではそもそも、理性とはロゴスであり、神そのものであり、人間本来に備わっているもの（純粋理性）と考えられていたようです。イギリス経験論者やカントなどは、そのような純粋理性を批判し、理性とは人間が生まれた後に獲得するものと考え、その理性観の変化が啓蒙主義や社会契約説の発展につながっていったものと考えられます。
 ビオンも著作の中で "reason" という用語を時折、使っていますが、ロックやカントなどの新たな理性観に近いようで、感情をコントロールし、現実を認識する能力という意味で使用しています。著書『Tranfomation』の中で、ビオンは理性について「情熱の奴隷である理性は、心的に必要な意味を論理的に必要な言葉へ変える」と述べています。

うことです。そういうわけで，私が情愛あふれた愛と呼ぶ能力が両親にあるかどうかが大変重要なのです。その場合，子どもは両親のふるまいから大事なものを学ぶ機会をえます。学校教育といった場面では，これらのことを教えることはできません。

質問 コミュニケーションには型にはまった方法などないということはわかります。でも，子どもに対する母親の愛情やいつくしむ愛情，そして，心のこもった暖かさや抱擁あるいはキスは，どんな人間も理解したり感じたりできる大事なものだという気がします。家族がこういうことを子どもに与えるとしたら，その子はあきらかに，この種の暖かさを経験しなかった子よりもずっとよいチャンスに恵まれるでしょう。

ビオン 私が以前に述べたことを説明してくれているようです。二人の超一流に訓練された外科医がいました。そのうちの一人は，ひとかどの人になりました。もう一人は，まるで外科医のようでした。しかし，決して外科医になることができませんでした。——基本的な意味で言っているのではないですが。これはまったく不思議なことです。

質問 同様の現象は，いろいろな教師においても観察されます。一人は，あらゆるメディアを使い，あらゆる規則に従い，そして，完璧に何でもすることができます。しかし，子どもたちは学びません。もう一人は，何か不思議なことに生徒たちと一緒にクラスのなかにいることによって，首尾よく学ばせることができます。関わりに何か大事なことがあるのではないかと私は思います。つまり，人々に配慮し，それをまだ誰もわかっていない何かの言葉で伝えているという

ことです。

ビオン　荒っぽい言い方をすれば，彼らのうちの一人は病気で，もう一方はそうではないと言えます。しかし，私たちは実際には，病的ではないものや，いろいろな感覚や知覚をとても研ぎ澄ます必要のある何かを扱っているのです。ともかくも，不適当なものを排除し，基本的なものに集中するような方法を見出すことが私たちにできるのでしょうか。

質問　あたかもこういった議論において生じやすいジレンマが，実のところあるように思われます。あなたが語ってきたことを，もし私が理解しているとしたら，あなたは次のようなことを指摘しています。つまり，私たちがこの世界に飛び出してきたとき，誕生の瞬間を見ているのであれ，精神活動（mentation）のはじまりとしてそれに先立つ何かを見ているのであれ，私たちは，生きていることに対して知ったり，体験したり，感じたりすることというあらゆる混沌に対して，おおいに苦痛を伴う副視床的な情緒で反応していく過程を歩みはじめる場合があるということです。その後，私たちは即座に，分類し，理解し，そして意味を見いだそうとする過程に入ります。おそらくは，苦痛をいくらか防ぎ，ある程度の安心感を最大限にするために。そして，この分類していく過程のなかで，人は排除しはじめます。そして，いったん排除しはじめれば，あらゆることに気づいていく能力が失われはじめます。

ビオン　そうです，それが選択していくことに関するジレンマです。責任を持って選択する人であれば，観察しようと思わないことは必ず抑制します。その抑制が気づかないうちに病的状態の範囲内にすべり

込み，見たり聞いたりする能力を抑制するところにまで陥ることがあります。

質問 ヒステリー盲は，その極端な例でしょう。

ビオン そうです。それは，これまでにいわばそれ自体レッテルを貼られるほど注目に値するものになりました。

質問 心理療法家は，まだそこまで到達していないですね。

ビオン まだですね。しかし，後年になればおそらく「さて，これらのヒステリー患者たちは皆，精神分析をはじめます」と言われるでしょう。ある意味では，私にはそれは起こりうるように思われます。好奇心は，かなりにおいて危険と結びついています。動物は，危険を嗅ぎつけるようです。なぜならば，それが知る必要のあるものだからです。つまり，嗅ぎつけることは，もっとも原初的で，長距離的な感覚のひとつです。人間にとってはそれはごく短距離用でしかありません。私たちにとっては，騒音があまりに大きかったり，あるいは耐えられないものになっています。つまり，匂いがあまりに強すぎると感じるのも同様の状態であるに違いありません。

質問 あなたがいま述べた例から私はあることを思い出しました。戦闘状況において，敵の接近を嗅ぎつけ，そしてアメリカ人には見ることができない形跡を見ることができるカンボジア人とベトナム人の偵察兵を私たちは抱えていました。ところが，2，3カ月後には，アメリカ人たちは見ることや匂いを嗅ぐ力をつけてきました。なぜなら，生き残るために自分たちの感覚を訓練しなければならなかった

からです。

ビオン ある親密な状況では，とりわけ自分の子どもたちに対しては，人はそれを伝えたいと望みます。私たちは子どもたちに危険を嗅ぎ分けさせられたり，長距離的に危険がわかる感覚を発達させることができたらと思います。

質問 あなたは，カーテンにくっついているあなたの言葉を見つめている患者について語っているのですが，あなたの仮説が正当なものかどうか確かめるために，どうやってあなたはそれを調べるのでしょうか。あなたは，その情報をどう取り扱いましたか。あなたは，彼にどのように伝えましたか。

ビオン 何よりも，その事実を観察するのに私には長い時間がかかりました。実際，これは患者に言われたことなのですが，「私は，分析のためにあなたのもとにきています。でも何も今まで起こっていません。私は，まったく以前と変わらずひどいものです」という不満です。そして，残念なことですが，この種の要点が明らかになるのには，本当に非常に長い時間がかかるのです。私にとってそれを言葉に入れられるところまできたときには，私には，患者はそれを言葉にできるのだろうかと考える必要もでてきます。彼は私の解釈を無視するかも知れません。というのは，それがまちがっていて，単に彼に影響を与えなかったためか，あるいは，正しくて，でもそれを彼が好まなかったためです。彼は，「このアナリストは，気が狂っている」と感じることもできます。その場合，患者は，自分の感情や恐怖をアナリストに瞬時に投影しています。遅かれ早かれ，私たちはその解釈をすべきかどうか決めねばなりません。私は，解釈を

しました。すると、患者は、それに同意し、それから、私にはその明白なことが決してわからないだろうと思っていたと言いました。実際に彼は、これほど明白で単純なことを言うのに、こんなにむちゃくちゃに長い時間がかかるなんてと言って、私を責めました。全体的に見ると、患者が完全に同意はするが、ともあれ全然意味のないような「そうです」と言った場合よりも、彼がそうした態度を取るほうが私の正しさを実証しているように思われました。ご存知のように、患者は、あなたが彼に望んでいることはそれだ、と思うがゆえに同意するものです。ここに情報に関する難しさがあります。なぜ、ひとつの「そうです」に別のそれよりも重要な意味があるように思われるかは説明しがたいことです。あらためてここにも、言語の根本的な曖昧さの問題があります。言語は、動物がブーブー鳴いたり、騒がしい音をたてるのを、単に精巧にしたようなものです。つまり、私たちは、筋肉組織をそれまでよりもある程度うまく使うようになったのです。

質問 あなたの言うことを前よりも聞くようになったり、あなたの言ったことをいくらか吸収しはじめるようになるという意味で、患者はその解釈を利用できましたか。

ビオン その後、彼の態度には著しい変化が起こりました。それが何だったのか、いま思い出すことはできないのですが、その変化によってその時私は、彼が正しくて、彼が長い間、私が何ら適当な返答も返さないのに、このことを語っていたんだと確信しました。私が確かな返答をしたとき、彼は、意識的で合理的な水準から心の別の水準に浸透させれる方法で、私の言ったことを変化させることができました。

質問 その変化がもたらされたのは，声を発して解釈を言語化しているということのためばかりではなくて，声の抑揚やあるポーズが伴っていたりするためではないでしょうか。つまり，それらの抑揚やポーズによって次のような経験を持ってもよいという受け取り方や期待感が患者に生じているためではないでしょうか。すなわち，患者は，これまでは世界中の誰も彼の言うことを信じなかったために，あえて誰かに語ろうとは思わなかったけれども，今や彼の言うことを信じる人がいて，そして，そういう体験を持っても傷つけられるわけではないとのことを知ったためではないかということです。

ビオン そんな何かが当然あるに違いないと思われることでしょう。患者は，医者が彼のことを気が狂っているとみなしていることは彼にとっては明らかなので，自分の発言を「幻覚」や「妄想」として片づけられることにたいそう慣れていくようになります。それで，彼は，そういうコミュニケーションをしなくなるでしょう。

質問 患者が自分のしていることをわかっていて，そして，あなたも彼がそうする理由をわかっているのなら，彼がなぜするのかと彼に尋ねるのではなくて，彼が何をしているのかとなぜ解釈するのでしょうか。

ビオン これには，もうひとつの不思議さがあります。なぜ，彼自身から彼自身に直接彼のしていることが伝わらないのでしょうか。なぜ，外部の人間が必要なのでしょうか。なぜ，人間はミミズのようにはなれないのでしょうか。一体なぜ，伴侶を持つのでしょうか。なぜ，自分自身との性生活を持って，わずらわしさもないようにできない

のでしょうか。なぜ，人は，ある種の精神的，あるいは肉体的助産婦の介入なくして，直接自分自身との関係を持つことができないのでしょうか。それはあたかも，私たちの言うことが理解できるようになる前にそれを照らし返せる何かを必要として，それで私たちはもうひとりの人物に「あてる」ことができる必要があるかのようです。

質問 あてるための他者もその場にいなくて，患者，あるいは研修生にビデオテープを単に再生するだけだったら，それは通常何も成し遂げないという興味深い事実があります。もし，何か達成するにしても，それは否定的なものです。これを実証する証拠があります。他に誰もいないところでビデオテープを見せられたら，患者は病状が悪くなりがちです。

ビオン たしかにあなたのおっしゃったことは，いま話されている問題の要点です。つまり，なぜ，人の存在が重要なのでしょうか。なぜ，ひとつの機械だけではいけないのでしょうか。もし，人が患者の言うことを単に照らし返すだけの感情のない機械に近づいたとしたら，患者はそれからまったく何もえられないだろうと思います。実際しばしば患者たちは，あなたが腹を立て，ひどいふるまいをすることがありうるとのことを確かめようとします。彼らは，あなたが実際にはしなくとも，そうすることがありうるということを発見したとき，初めてそのことは何か意味を持ちはじめるのです。

質問 実際にはそうしなくとも，あなたが腹を立てて，ひどいふるまいをすることがありうるとのことを，患者はどうやって発見するのか説明してくださいますか。

ビオン 私が説明できるとは思いませんが，患者ならできると思います。実際に敵意を抱くことがありうるのかどうかを確かめようとするひとつの手段として，何セッション，何カ月にもわたって激しく挑発的な患者がいますが，特にそういう患者ならばできると思います。正しい「制服」や正しい作法や正しい性格や正しい資格，つまりどれも実際の人物を単に偽装しうるものですが，それらをアナリストが身につけることができるということに，患者は気づいていないわけではないと思います。患者はその偽装をたやすく真に受けるわけではありません。彼らは，あたかも次のように言うことによって，同意し，妥協できると感じるでしょう。つまり，「あなたはそういうふうに話し，そんなことを習うために雇われているんですよね。私は，あなたがちゃんとした人であると思いますよ」と。あなたは馴れ合いの関係に入ります。しかし，精神病の患者は，いくぶん厳密です。つまり，**おおよそ正しい解釈**というのは神経症の患者がそうするようには「訂正され」ません。神経症の患者はあなたのことを助け，あなたが「見当はずれ」であることを許し，しかもその見当があたるようにもできるのです。

質問 もし，アナリストの解釈が正確でないならば，精神病の患者はまるで自分が部屋のなかに一人でいるかのような気になるのでしょうか。

ビオン その質問に答えれるかどうかは，ある種の精神病患者を他と区別できるかどうかにかかっているのでしょう。「精神分裂病」と「躁鬱病」の区別のような精神医学的な診断のなかには，こんな風に実際に言語化され，概念化されるほどにあまりにがさつなものを指し

て言っている場合もあります。しかし，現在私たち利用できるこういう診断分類は，いま話題になっている事態の細やかさを扱うに足るものではありません。実際のところは，たえまなく観察すること以外のなにものも，こういう問題を解決するのには至らないでしょう。

質問 心理療法は，自分自身をあまり尊敬できないと感じる患者が，尊敬できる治療者のところに行くことにすぎないという見解があります。つまり，治療者は，何らかの方法で，自尊心のない患者に，長期間にわたって彼を尊重しているということを伝えます。そこで，患者は，自分があまり尊重に値しないがゆえに治療者を信用しないか，あるいは，実際に尊重されているかどうかは別にして，ともかくも信用しないことによって，あらゆる方法で治療者の尊重に抗います。そして，結局は，患者は屈伏し，治療者の尊重を信用し，ついに，自分自身を尊重できるようになります。それがはなはだ大雑把で過度に簡略化した言い方です。基本的なプロセスとして，それを補うものがさらに何かあるのでしょうか。

ビオン アナリストとの関係は，**過渡的**な出来事としてのみ重要なのです。「転移」という用語は，このより多義的な意味で使用されるのなら，役に立つでしょう。不幸なことに患者によっては，こうした一時的な治癒のためその関係を終わらせることもあります。彼らはいくらかやすらぎをえて，「いやもう，良くなってありがたいです」と言い，そしてその時点で治療をやめます。彼らは，本当の安心感をほとんど経験していないので，ともかくも何かをえていることに非常に感謝し，感謝して治療をおしまいにし，そして，アナリストもそう思っているというように考えようとします。「先生，あなたは実

にすばらしい。私は新しく生まれ変わりました。さようなら」。さて，そのようなすばらしい結論によって，あなたもまたそこでおしまいにするかもしれません。

質問 私は，答えというのは好奇心を抑えてしまう間に合わせの手段であるというあなたの発言について考えてきました。そこで，たとえば親として，「駄目，しちゃいけません」と答えながら，しかも自尊心を持って好奇心を持続させる環境を育みたい場合，その選択を決断するのはなんと難しいことでしょうか。

ビオン 心的な発達において，「臨月」に相当するものが何かを知ることはひどく困難です。患者が，いわばアナリストのふところから安全に離れることができる時期はどんなときでしょうか。分析や，あるいは通常の医療においても，医者は大変用心深くなることがあります。そこで彼は規則を決めます。すなわち，患者は，治療を継続する**必要がある**。あるいは，入院が**必要である**。あるいは，まだ仕事を始めてはいけない等々。それは，もし医者が失敗の責任を取るという危険を冒したくないなら，極端に運用されることになります。だから，彼は，自立に向かう患者の進歩を遅らせます。しかし，退院する適切な時期，あるいは分析を離れる適切な時期があるにちがいありません。つまり，早すぎて時期尚早な終結にそそのかされるのでもないし，また，おどかされて続けていくのでもない，そういう時期です。

　もし，患者がまったく消極的で，いわゆる「主導権を発揮する」ようなことを恐れているなら，別の問題が持ち上がります。このことから，私は，臨月の胎児が分娩の時期に対処するための何かを持っていると連想します。つまり，胎児は，破局的，あるいは悲惨な

事態が突然生じることをあまりに恐れるので,何も主導権を取りません。後になって患者は自立の仕方を学びます。しかし,この根本的な恐怖は蒼古的な恐怖,つまり無意識的な何かであり,よくわからない何かとして確立されます。その人物はある日不幸が突発するまでは,外見ではきらきら輝いて,賢くて,大成功して,大変すばらしいのです。患者はこれまでに障害のほんのわずかな兆候すら示したことがないと,周囲は申し立てます。ですから,理解できないことなのです。こういった「混乱」あるいは「攪乱」の時期に特に起こりがちな,なみなみならない不幸の突発は説明のしようがありません。

対話 4

ビオン 日頃私たちがしているように，何回も繰り返し患者に会っていると，これまで彼らにまったく会ったことがないかのようなナイーブさを保って患者に毎回会うようにすることははなはだ困難なことです。「おや，また古ぼけた同じ話がでてきた。昨日も，その前も，何週間も，何カ月も，何年も」と考えやすいのです。でも実際は，そうであるはずがないのです。なぜなら，私たちが昨日，あるいは先週，先月，あるいは，昨年会った患者は，明日には同じ人ではありえません。初めてその患者に会ったときとできるだけ近い感覚を私たちは持つべきです。それが困難なのは，私たち自身の医学的訓練の影響で，患者の生育歴などを知っていなければいけないといつも感じているためです。それは，2，3セッションでは役に立ちます。しかし，その後は，聞き伝えからえられているこの情報は，重要ではありません。それ以後は，私たちは，患者の生育歴という領域ではなくて，全く別の領域へと一緒に乗り出さねばなりません。

質問 実際のところ，あなたの話からすると，メモを取る必要がないということになります。毎回やってくる人は，その都度新しい人であり，重要なのはその時に何が起こっているのかということだけになります。

ビオン そうです。以前に言いましたように，プラトンは言語というのは，誤解をひどく招きやすいものだと指摘しました。つまり，言語は正確で厳密なようですが，しかし，実際には，絵画やデッサンと同程度の正確さしかないのです。絵画は，人に何も語りません。それは解釈されねばならないのです。フロイトが感銘を受けたシャルコー^{訳注1)}は，あるパターンが突出しはじめるまで患者を見つめ続けなければならないといいました。身体医学においては，医者は本を読むのではなくて，人を読むために，触れたり，匂ったりなどする感覚にかなり鋭敏であるべきです。精神症状に関してはどうでしょう。神経症的？ 精神病的？ それは何も語っていません。人の個人差は大変際立っているように思われるので，記述することが必要なように思われます。だから，私たちは，この荒っぽい分割に頼ります。私たちは，心といったものがあると仮定せねばなりません。私には，何がその証拠なのかわかりません。それは全くの過ちなのかもしれないのです。ホメロスの時代には，心はフレーンズ（phrenes）^{訳注2)}，つまり横隔膜（diaphragm）にあると考えられました。それは，賢明で科学的な考えのように思われます。あなたが深く呼吸しはじめるなら，明らかに横隔膜は，上下に動き，あなたに息を吸い込んだり吐き出させたりさせます。そして，もしあなたが誰かがそうしているのを見るならば，「これは一体どうしたんだ。彼は私に向かってきて殴りかかろうとしているのか。彼はどうするつもりなんだ。この荒い息遣いは一体何なんだ」と，考えます。その後，アブデラ

訳注1）Jean Martin Charcot（1825-1893）：フランスの神経病学者。ヒステリー及び催眠術に関する講義によって世界的に有名でした。シャルコーの門下には，ビネ，ジャネ，フロイトなどすぐれた精神科医や心理学者がいます。フロイトも2度にわたってシャルコーのもとに留学し，催眠術によって暗示にかかる患者を見て，無意識の働きを確信したと言われます。

訳注2）phrenes には，横隔膜という意味とは別に心，精神という意味があります。

のデモクリトス[訳注3]は，心は，まだ何の機能も発見されていなかった役に立たない塊，つまり脳と何か関係があると指摘しました。心というものがあるという考え方は依然として存続していますが，私たちは前進しています。フロイトは，人が「忘れる」とき，その空隙，つまり無知という空虚な空間はひどく嫌がられるので，それを偽の考えや錯誤記憶[訳注4]で埋めてしまうことになると指摘しました。でも私たちは心に関して何も知らないのですから，フロイトの業績全体も，彼が心について無知であることに耐えられないがゆえに，苦心して築き上げた錯誤記憶ではないのでしょうか。私は，基本原理，つまり心の存在自体にすら疑問を呈することに戻ろうと思います。いったん私たちが，そのような仮説以外にはこの頭を悩ませる事態にはどんなものも対処できそうもないと確信したところから，私たちは心の動きらしいものについて区別しはじめることができます。混乱した心あるいは，病気の心というものがあるとすれば，その病気は，どこからやってくるのでしょうか。「感染病巣」とは何でしょうか。身体医学からそういう用語を借用することは役に立ったり，理にかなっているのでしょうか。それは，私たちにヒ

訳注3）Democritus（B.C.460頃-370頃）：ギリシアの哲学者。観念論のプラトンに対して，唯物論の立場から原子論を創始しました。すなわち，世界は無数の原子の集合であり，しかも原子自体は原因をもたず，永遠なるものだという考え方です。また，民衆の愚昧を嘲笑し，その楽天的な性格からも「笑う哲学者」と呼ばれました。

訳注4）paramnesia：paramnesiaには，従来記憶錯誤という定番の訳があります。ただ，記憶錯誤という訳語では，その記憶が錯誤していること，誤っていることに意味の重点がくるニュアンスがあります。しかし，paramnesiaの本来の意味としては，記憶が誤っているというよりも，錯誤された記憶という記憶の様態や現象自体が間違ったものであるというところに力点があるように思われます。それはたとえば，思考分裂と言うよりも分裂思考と言った方が，その思考の様態自体に，より焦点があたるのと同様です。したがって，ここではあえて錯誤記憶と訳したほうがそのニュアンスをより明瞭に伝えると考え，そう訳しました。

なお，paramnesiaや錯誤行為全般に関する考察は，フロイトが『日常生活の精神病理学』（『フロイト著作集4巻』，人文書院）のなかで体系的に論じています。

ントを与えてくれるのでしょうか。たいていの人は，あたかも健康であるかのようにふるまうようになっていきます。彼らは，運動選手や外科医や歯医者になることができるように，自分たちの体を何らかの方法で訓練します。その結果，誰も彼らに悪いところがあることに気づきません。もし，人間に穴をあける人を私たちが知っているなら，そして，その行動を彼が外科医であるという理由でもって弁明できないなら，私たちはどう思うでしょうか。「合理的」な理由もないのに，もし誰かが人の歯に穴をあけるのを見たならば，どんなに奇妙に見えるでしょうか。合理的な説明は何に対しても見いだせます。しかしそれと対照的に，不合理なことを見ることが役に立ちましょう。そうすれば，何年もの間外科手術を首尾よく行なってきた外科医が，なぜ突然いわゆる「ブレイク・ダウン」を起こし，そして手術室に行けなくなるのかがずっと理解しやすくなるでしょう。それは，ブレイク・ダウン（破綻）なのでしょうか。ブレイク・アップ（崩壊）なのでしょうか。ブレイク・イン（侵入）なのでしょうか。ブレイク・アウト（突発）なのでしょうか。ブレイク・スルー（突破）なのでしょうか。言い換えてみれば，その人はどちらに向かっているのでしょうか。その外科医は，前には見ることができなかった何かを見ているのでしょうか。つまり，彼がどんなに残酷で，どんなに野蛮で，どんなに暴力的かを。一般医学の表現を使うなら，まるで今や皮膚に表出しはじめた何かの感染病巣があるかのようです。あいにく心には，皮膚がないようです。もっともフロイトはイド，自我，超自我について，つまり心を部分に下位分類するというおおざっぱではありますが，洞察力のある考えについて語りましたが。

質問 あなたが話している間，私は今日行なった面接についてじっと考え

ていました。そして，何が起こっているのかをまるで考えていなかったことを考えていました。私は，それを認識するよりも何かをしたいのです。

ビオン そうです。患者もそうですし，私たち皆がそうなのです。それが，私たちがなぜ今日とても多くのことを知っているのかを説明してくれるだろう基本的な特質なのです。つまり，知らないことに耐えることは大変難しいものですし，「精神科医」あるいは「医者」という肩書きを正当化するために，私たちの行動を多少とも合理的に説明してくれる答えをかき集める方がずっとたやすいのです。それに関しては，ちょっと人に迷惑をかけるという以外に，特別何かまちがっているとは思いません。誰かが，あなたのオフィスにやってくるや否や，あなたは，あなたが答えを知っている人であるというプレッシャーをただちに感じます。

　かつて私は，モーリス・ブランショの語句，答えが質問を不幸にする，と翻訳できる——またもや，解釈の問題ですが——"*La réponse est le malheur de la question*" を引用しました。それをもう一度別の表現で述べれば「あなたにある好奇心を，答えがおしまいにしているのです」あるいは，「知識は，病気の無知なのです」となります。窮地に陥っている何らかの状況にいるなら，あなたはきっと出口を発見しようと思います。そして，それは全く合理的でありそうです。あなたが，答えがわからないとき，そして，もしあらゆる面接が全く新鮮なものであるとすれば，まさに望ましい事態なのですが，その時あなたは，新しい言葉を見い出さねばなりません。

質問 もし，あなたがあらゆる面接を新鮮で新しいものだと考えるならば，

なぜともかくもわざわざ病歴を取るのですか。

ビオン　私は取りません。ときどきメモは取ります。でも，あとでそれを見たとき，私は一体何を見ているのでしょうか。「火曜日！」。一体全体，それがどうしたのでしょうか。私にはわかりません。少なくとも何かを思い出すために私はメモを取りたいのです。だから，まず必要なのは，思い出そうとすることを見たり，聞いたり，匂ったり，感じたりできることです。しかし，それを書き留めるために，どんな表記法を用いたら良いのか私にはわかりません。私が芸術家なら，私はそれをスケッチしたり，あるいは絵の具で描いたりするかもしれません。私が音楽家なら，音楽作品を作曲するかもしれません。しかし，精神科医はどうしたら良いのでしょうか。

質問　私たちは，なぜ思い出したいのでしょうか。ある期間にわたって思い出せることは，なぜ重要なことのように思われるのでしょうか。

ビオン　わかりかねることですね。あなたの人生において，もっとも感受性の強い時期には，あなたが実際のところはどんなふうなのかをもっぱら忘れようとします。あなたは，それによって救われます。「それをしちゃ駄目」と，赤ん坊は言われます。そして，はなはだ不思議なことに，赤ん坊は理解するようです。これをしちゃ駄目，あれをしちゃ駄目，駄目，駄目，駄目。これはもっとも重要な言葉です。精神分析的観点からすれば，思い出すには何か理由があります。しかし，人生のもっとも感受性の強い時期に徹底的に学んだこととそれは対立するのです。あなたが人生のある時期に，親指を吸いたいと思ったことは，まるで重要ではないのかもしれません。しかし，思い出すことができないことは，忘れることもできないので

す。だから，それを忘れることができる前に，それを捨て去れる前に，それをもう一度意識にもたらさねばならないのです。

質問　最近，私は，分析の時間が終わったあと，ときには分析の最中に，患者の注意を単に彼が語ることや，その語り方に向けるにはどうしたら良いのかと，かなり考えたりしています。それについてのあなたの考えはどうですか。

ビオン　そういう見解，つまり心的で蒼古的なあるサインをとらえるためには，私たちは，特別な心の状態にあらねばなりません。すなわち，自分の印象を言語化できるほどに意識して目覚めていることと，眠っていることとの幅は，はなはだ小さいのです。あなたがオフィスのなかで，実際働いているはずのときに，すみやかに眠りに陥っている心の状態になることは簡単です。同様に，すこぶる知的に覚醒している状態にすみやかに陥ることも簡単です。そのふたつの境界，つまり適切な心の状態は，とても達成しがたいものなのです。人は常にその上下を揺れ動いています。経験から認識されねばならない正しい波長にあることは，あいにく比較的稀なことです。それにもかかわらず，たいていの患者は，私たちがたまには成功するかもしれないという淡い期待をもって耐えることができます。

質問　私たちが患者やクライエントのために行なっていることが何であれ，それに実際の効果があるという証拠を示すように，医学や精神衛生の専門家ならびにヘルスケアの質を高めるために資金提供する諸機関に対して，次第に圧力がかけられつつあります。他の科学において効果を証明できるような方法で，心理療法，あるいは精神分析の効果を客観的に証明できる地点まで，いつか私たちが到達する

と思いますか。

ビオン　そうなると信じるのは，私にはとても難しいことです。その事態は，かなり切迫しているので，そこに私たちが到達する前に，私たちが自滅してしまわないかという深刻な疑念が持ち上がるように思われます。私たちは，人間の消化器系によい食餌を公式化することはできるようです。私は，心が何で養われるかを処方できるところまで至った人がいるとは思いません。心の栄養学に関する本を私はまったく知りません。私は，誰かがそのことについての大事なことを知るまで，そういう本が出ないことを願います。しかし，通常は，まず本があり，人は後でそれを見つけるのです。つまり，早まっていて，早熟な理論，あるいは治療が先にくるのです。

質問　私は，今世紀初頭からのいくつかの本，つまり，魂の食餌，精神衛生に関する宗教的な本を今思い出しています。それらには，人々が健康になるためには，朝から晩までどう考えたら良いのかについて，厳格な処方がしてあります。

ビオン　そうです。私たちがもっと考え直してみるべきかもしれないようなことがあるという考え方は，嫌悪をもよおさせます。

質問　ひとつのまとまった共同体を創設するというスキナー[訳注5]の考え方についてはどう思いますか。誕生のときから，子どもは共同体に

訳注5）Burrhus Frederic Skinner（1904-1990）：オペラント条件づけの研究で大きな貢献をした行動主義心理学者。その著書『自由への挑戦』のなかで，自律的人間という概念は死せる概念だと主張しています。すなわち，人間には意識があり，自律的だという見地を，スキナーはほとんど無視し，人間を唯物論的に理解しようとしました。

よって引き取られるものなのですか。

ビオン　その考え方が成長過程を見たり，学んだりするのに役に立つ方法なら，私は賛成します。しかし，それがルールの押しつけを含んでいれば，その場合は，やがて打ち破らねばならない殻を形成しているように思われます。私たちは，こういった殻をとにかく形成するものです。そして，そうし続けます。しかし，殻は大変分厚く，頑丈で，強力になるので，その内側にあるものは発達できません。どんな社会施設にもこの欠点があります。私が知っている人間の社会施設はどんなものでも，そして，それについて私はいくらか証拠を示すこともできるのですが，それは，死んだものとみなすことができましょう。それが死んでいるかぎり，成文化されている法律や，条令や，理論に全く馴染みやすいものとなります。同じこれらの施設にも内側に死んでいない個々人がいます。それらの生きた対象は，硬直化して死んで，そして無生物の法律にしたがっている共同体の内側で成長しつづけています。これらの施設の内側にある個々人の成長は，遅かれ早かれその施設に圧力を加えるでしょう。こうして施設は膨れあがり始めます。その時に，二重の危険が生じます。ひとつは，社会全体が無法社会になるというような法律に対する反逆です。もうひとつは，内側で成長する個々人が，そのような死んだ施設のなかで生き続けられないように，極度に硬直化することによって施設を守るということです。もし，この共同体の個々人が依然として生き続けるなら，その場合，その施設に圧力をますますかけ，施設はその法律を改めるか，崩壊に直面しなければならなくなるでしょう。

質問　革新的であり続けようとする人々の共同体があります。特に芸術の

分野において。これは，とても大きな集団を包含しています。なぜなら，それには，音楽や彫刻などと同様にあなたのような専門家も含まれているようだからです。そのグループのなかの素人芸術家たちを横に置くと，あなたが名づけた「死んだ」ルールのなかで，不快に感じ，そして自分たち自身が事を起こす立場にあると思う人たちがいます。芸術は，さまざまな神経症に対して，自我のもとでの退行から生まれた何かであると言われます。アドラー^{訳注6)}は，それを「創造性の補償理論」と名づけています。つまり，芸術や科学などを生産するということは，個人の不完全さを補うためであるということです。死の恐怖や悪徳をしたいことへの恐怖やあらゆるこういった陳腐な決まり文句はとても気がきいているように聞こえます。しかし，それらは注意深い検索に耐えることができません。私は，コミュニケーションの手段として，そしてその有効性について，そういう芸術をあなたがどう思うのか知りたいのですが。

ビオン これらすべてのさまざまな分野，つまり，音楽，絵画，精神分析などが，同じように真実の追求にこそ関わっていると認識されるなら，それは有益なことでしょう。私たちはここで話していますが，私がまさにそうしているように，私たちは話すことを分け合うことができます。それは言語的コミュニケーションには大変役に立ちます。もし，私たちの望みが，言語でコミュニケートするだけであったとしたなら，それで十分です。私たちはそこで終わりにすることもできます。つまり，もし，言語化できないのなら，すっかり放り

訳注6) Alfred Adler（1870-1937）：ウィーンの精神医学者。フロイトの『夢解釈』を支持し，フロイトの仲間に加わりますが，後にフロイトの性欲動論を批判し，フロイトから離れます。「個人心理学」の創始者です。アドラーは，初期には，劣等感の役割とその補償作用を強調しましたが，後に「権力への意志」を性本能と同程度に重要な人間の欲動だと論じました。

出してしまいなさい，と言うこともできます。音楽を捨てなさい，絵画を捨てなさい，と。しかし，あなたが耐えることができるならば，一種類の言語しか話せない人にはできない前進を画家ならできるという可能性に気づくに違いありません。根本的な問題は，真実が重要であるという事実を，人間がどれほどすみやかに認められるようになるかということです。私たちは，気に入ったものならなんでも信じることができます。しかし，そのことは，宇宙が私たちの特別な信念とか特別な能力に合っているということを意味しているのではないのです。**私たちこそが**，それについてことを起こさなければならないのです。つまり，**私たちは**，私たちの住んでいる宇宙を理解できるポイントに向けて改めなければなりません。難儀なのは，そのポイントにまで到達すると，私たちの恐怖の感情があまりに大きくなりそうなので，私たちはそれに耐えることができないということです。ですから，真実の追求には，私たちの知力あるいは叡知の欠如と，私たち生来の情緒的な体質双方のために，限界があるのです。真実を知ることの恐れは，あまりに強力なので，真実の多量服用は，致命的なのです。

質問 患者によって発せられたヒントをとらえそこなった治療者についてあなたは先ほど話されました。私は，治療者が馬鹿にされることを進んで受け入れる心構え，あるいは，何が起ころうとしているのかについて知ることを進んで避けようとする心構えについて考えてきました。患者の行動を調べ，彼が何をしてきたり，あるいは考えているのかを寄せ集めてのたくさんの心理解析が近年なされてきています。しかしながら，私は，その時に治療者のなかで起こっていそうな抗しがたい恐怖について研究したものを見たことがありません。私たちは，すべてうまくいっていると感じたいし，それゆえに

よそを見ているのでしょう。

ビオン　その通りです。「この世で起こりうるあらゆることは，最良の目的に添うように，すべて至上最良にできている」——ドクター・パングロス(訳注7)の言葉です。

質問　私たちの恐怖は，まさにクライエントと同じくらい大きいのでしょう。

ビオン　確かにそうです。唯一の望みは，私たちがそのストレスに耐えられるかもしれないということです。それを実行する以外には，実証できないのですが。分析において重要なのは，アナリスト，あるいはアナライザンドが何をできるかではなくて，その**カップル**が何をできるかです。結婚において，その二人の個人がどのくらい多くのことをできるかは問題になりません。生物学的単位が，一ではなく二である場合に，そのカップルができることがあるはずです。一緒になった二人は，結婚について何も知りませんし，彼らがどんな人に変わっていくのかについても何も知りません。つまり，それは知らないことが満ちているもうひとつの状況なのです。その結婚は長く結びついて，そのカップルがある程度の叡知を学ぶまでになるでしょうか。分析は，何か大事なものをもたらす試みです。そして，それは結婚ほど重要でも，根本的でもありませんが，将来価値を持

訳注7）Pangloss：ヴォルテールの哲学小説『カンディド』のなかに出てくる家庭教師。パングロスはライプニッツの予定調和論などに立脚した楽天説を保持し，無数の不幸，災難に見舞われながらも最後まで楽天的であり続けます。ヴォルテールは，その楽天説を物語のなかでは風刺していますが，ヴォルテール自身も幾難かの不幸に虐げられながらも，なおかつ希望をもち続けたといわれます。上記の言葉も，パングロスの楽天説をよく表わしています。

つと期待されるような,言ってみれば「父親,母親」ゲームのようなものを演じることの延長なのです。

質問 あなたのグループワークでの三つのベーシック・アサンプション(基底的想定),つまり依存(dependency),つがい(pairing),闘争－逃避(fight-flight)について話していただけますか。

ビオン それらは,荒削りの解釈であり,一般化です。それらは,すべて基本的で,根本的で,原始的であるがゆえに,そこには何か大事なものがあると思います。たとえば,「闘争／逃避」は,アドレナリンの化学的性質,あるいは腺関連でほとんど説明できるでしょう。「依存」は,乳房やそれを吸うことへの口の依存でしょう。一般論は,広く応用するには,それでけっこうなものかもしれません。しかし,実践のなかで,そして現実の世界においては,私たちは,常に,一般論ではなくて,まさに厳密で特別な実例に直面しているのです。私は,精神分析的な理論に耳を傾けるのにうんざりして,いやになっています。つまり,もし私がそれらによって実際の人生を思い浮かべられないのなら,私には役に立たないものです。依存に関する理論の適用は,私が生きている世界のなかでいつでも見ることのできるあるものに気づかせてくれないなら,私には無駄なことなのです。

質問 あなたが「原子価(valency)」訳注8)と呼んでいるものについてもっとお聞かせください。

ビオン それは,化学や物理学から借用した用語です。二人の関係というのは,彼らが寄り集まっているさまざまな特徴を持つことによって

決まるものです。そしてその特徴というのは，ふたつ，あるいはそれ以上を集めたもので，全部集めたものではないのです。なぜならば，全部集めてしまったら，自分たちの関係以外の人との関係にどんな原子価も利用できなくなるからです。つまり，それは全く何の刺激もないほどに完璧な結婚となるでしょう。まだ起こっていない何かに触れるためには，利用できる原子価をいくらか残しておく必要があるのです。私たちが，単に物知り顔をする紳士淑女だったら，どんな原子価もありません。つまり，未知のことをつかもうとするものがありません。

質問 患者は，私たちのもとに「私の問題を解決してくれ」と言うためにやってくるのですか。

ビオン もちろん。アナリストがすべての答えを知っているというアナリストへのプレッシャーは常にあるのです。常にあらゆる答えを知っているリーダーであるというリーダーへのプレッシャーです。そして，もし，そんなことがありえたのなら，その共同体は死んでいるように思われます。しかし，そうなったらそれとともに，すべてを知っているリーダーに対する反抗が生じるでしょう。そして，それゆえに好奇心を活用する機会はまったくなくなるでしょう。私たちが住んでいるこの宇宙では，好奇心をそそる機会は際限なくあるように思われます。つまり，それがあまりにも多いので，私たちは，

訳注8) valency：もともとは化学用語で，ある元素の原子一個が，特定の元素の原子何個と結合するかを表わす数を，それぞれの原子や元素の原子価と呼びます。ビオンは，グループにおいて各個人がベーシック・アサンプションに従って行動する力を記述するのに，この用語を援用しました。すなわち，グループにおいては，合理的で協同的なワーク・グループに従ってメンバーがワークするばかりではなくて，ベーシック・アサンプションに引っ張られるように入り込む関係のタイプがあり，それを原子価という用語でビオンは記述しようとしたのです。

そのまわりに人工的に境界線を引こうとします。私たちは，「このくらいで，これ以上はもういい」と感じることができるほど際限なくたくさんの理論を生み出すことによって，好奇心の息の根を止めようとしています。代わりに，視床不安が復活します。そして，その不安はあまりに強力なので，私たちは考えられなくなってしまいます。

最後の四つの論文

編者の覚え書き

　1987年版の『臨床セミナーと最後の4つの論文』以前には、この四つの論文はビオンの著書の形で出版されていませんでした。最初のふたつ、「情緒の攪乱」と「フロイトからの引用」は、1976年5月のトペカ国際カンファレンスの論文集、『ボーダーライン・パーソナリティ・ディスオーダー』に収められ、その後、ニューヨークのインターナショナル・ユニバーシティーズ・プレスから出版されました。残りふたつの論文「証拠」と「思わしくない仕事に最善を尽くすこと」（ビオンの最後の論文）は、最初は英国精神分析協会紀要に掲載されました。I.U.P.と転載を許可してくださった協会の紀要の編者に感謝します。

　アビングドン、オックスフォードシャー
　1987年夏

　　　　　　　　　　　　　　　　　　　　フランセスカ・ビオン

情緒の攪乱
1976

　「ボーダーライン患者」や「境界精神病患者」というような名称で，医学，精神医学，精神分析学の専門家などに知られている単位は，一般の人々や他の領域の研究者には馴染みがないものです。ですから，医学教育を受けていない人たちに普通体験される「もの自体」としてカンファレンスのトピックにアプローチし，それからこれを馴染みある医学的定義へと進める方がわかりやすいようです。

　私たちは，「潜伏期」という用語をよく知っています。その一般的な使い方をここではしばらく忘れたいと私は思います。なぜなら何が潜伏しているのかよりも，むしろ潜伏期に焦点を当てることの方が簡単だからです。潜伏期に潜伏しているものは，**情緒の攪乱**であると考えるのは役に立ちます。静かで，協調性があって行儀の良い少年少女が，騒がしくて，反抗的で，手に負えなくなるとき，情緒の激動はすみやかに，肉体的枠組みでのいわゆるジョン，ジャック，ジル，ジーンと呼ばれる生理学的境界の内側に，制限されなくなります。この情緒的な領域に，精神医学の関係者は入っていくのです。彼の問題は，次のような忌まわしい現実のなかに見いだされます。つまり，感心な（しかし，例外的に直感力のある大家はそれほど感心しませんが），そして従順なある子どもに関して——通常遅すぎるのですが——意見を求められ，精神分裂病を強く疑う場合にです。あるいは，躁うつ病のうつ（あるいは恐れ入る快活さ）と判断しなければならない場合です。私は，「情緒の攪乱」という表現を選択する上で，それに対

応するものと正反対のものとを含めています。

レオナルド・ダ・ヴィンチの『手稿』には，激動に渦巻く水や乱れた髪が多く描かれています。ミルトン^{訳注1）}は，『失楽園』^{訳注2）}の第三巻冒頭，栄光への祈りのなかで「空虚で形態のない無限から勝ちとられ」と書いています。私たちは，画家や詩人や聖職者による作品について考えることができます。それらは，私たち自身の経験と類似した像や思考を呼び起こします。私は，「精神分析的に」とやらで，これら人間の創造物を解釈しようとしているのではありません。私は，それらを思いだしてもらいたいのです。それから，あなたがたは，自分たち自身の科学的で芸術的で宗教的な遺伝的素質から，類似したイメージを思い起こすでしょう。そのなかでどんなものがサイコアナリストが対処する心の攪乱の時期に類似しているそれとして，あなたがたのなかに湧き上がってくるにしてもです。私は，思春期を強調しません。というのは，たいていのアナリストにとってその概念はあまりに強力だからです。潜伏期はあまりに弱いのです。私は，アナリストに自分自身に最も激しい攪乱を引き起こした心の激動の時期を思い出してもらいたいです。

「あまりに強力である」ということを明確化するために，私は，フロイトの「制止，症状，不安」(1926) から「中間休止（caesura）」^{訳注3）}という用語を引用します。「子宮内生活と最早期の乳児期との間には，私たちが誕生のための行為という印象深い中間休止によって信じているよりもはるかに連続性がある」。フロイトの要約自体，「印象深い中間休止」があまりに印象深いので，胎児がひな型の心（proto-mind）やパーソナリティを

訳注1）John Milton（1608-1674）：イギリスの詩人。ルネッサンス期の最後を飾る清教徒詩人。代表作に『失楽園』があります。

訳注2）Paradise Lost：ミルトンの叙事詩『失楽園』。1677年に出版されています。アダムとイヴの堕落をその中心主題としていますが，サタンの独白とエデンの園の描写は，近代詩歌のもっとも完成されたもののひとつに数えられています。

訳注3）caesura：「ビオンとの対話」でも，何度か登場する重要な概念です。詳しくは，「対話3」訳注2（p.62）を参照ください。

持っているかもしれないということや，あるいはそのひな型の心は誕生後に心にまで発展しうるのだということを想像できないほどのものとして記述されています。

　フロイトによると，抑圧は，一度起こる出来事ではありません。つまり，誕生での中間休止が死での中間休止と同じように印象深いのは，それが明らかにただ一度しか起こらないからです。抑圧が一種の死であるとは見れません。精神の破綻や神経症や精神病は，そういう攪乱のさなかには見分けられません。しかし，それらの破綻は抑圧や死と不可分である誕生かもしれないのです。分析において，私たちは，抵抗といったものの印象深い中間休止をつき抜けきれないと考えるだけの理由を持つ場合があります。

　抑圧なしの成長はあるのでしょうか。前進は，その前の状態の抑圧と不可分でしょうか。思考は，選択されない思考への抵抗なしに生じるのでしょうか。選択や偶然での避けようもない一部として，抵抗にさらされない何らかの感情や考えがあるのでしょうか。ひとつの言葉が他の言葉と分離できたり，あるいはひとつの肉体が別の肉体と分離できるやり方で，他と分離できるような何かがあるのでしょうか。

　決断における問題点は，情緒の攪乱やその原因，あるいはその激変として再活性化されます。攪乱がとても大きい場合，それは誕生，死，思春期，あるいは老年期の到来として劇的です。決断は，コミュニティ，家族，グループ，個人のなかで練り上げられていきます。精神分析的視点[訳注4]を

訳注4）vertex（視点）：視点と訳したこの言葉は，原文では vertex となっています。つまり，数学用語で「頂点」を意味したり，あるいは一般的には山の「頂上」を示す言葉です。ビオンは意図的にこの用語を使いました。その理由はたとえば viewpoint という用語では，見るという具体的身体感覚が用語の陰影（前概念）として入り込むので，それをビオンは避けようとしたためです（著書『Transformations』に記述）。このようにビオンは，哲学や数学などの領域から日常的に馴染みの薄い用語や概念を持ち出すことにより，できるだけ先入観が入り込まずに，もの事の本質を思索しようと試みました。

　本書のなかで，以後 vertex が登場した場合には，「視点」や「観点」として訳しています。

持つ人たちは，思考や討論にコミットしてきました。決断やその討論をするには，それに先立つ成熟の過程をかなり必要とします。患者は子どもであろうとなかろうと，先行経験をある程度要求されるのです。たとえ私たちはそれがどんなものかわからなくとも，範囲があるのです。それを越えて，アナライザンドがあまりに若かったり，あまりに年老いていたり，あまりに知的に遅れていたり，あまりに早熟であったりします。そういうぼやけた領域，――多スペクトルの「領域」をたばねる波長の範囲――の内にあるものだけを，私たちは考えているのです。

　ここに必ずや選択がありましょう。それは必然的に，情緒の攪乱を見ておれるほど忍耐を必要とします。観察された攪乱は，人為的，言語的に分割されねばなりません。人によっては，このように言語的に分割するには，実際に物理的に分割したという感覚を必ず持たねばならないようです。選択においての次の要素は，偶然です。すなわち，意識的に選ぶ人間よりも，何か別の力次第です。偶然口述された事を，あらかじめ論じることはできません。というのは，これはあらゆるグループや個人や社会の前に立ちふさがるきりのない問題だからです。分析においては，当事者二人の間に何が起こっているのかを論じることができます。つまり，アナライザンドはアナリストに情報を与え続けることができますし，アナリストは利用できる情報を解釈するのに最善を尽くすことができます。一般に心が乱れている患者は，まず最初に，何を選択して話すか決めなければなりません。患者はよく次のように言います。「今日は何も話すことを思いつきません」。あるいは「話すことがありあまるほどあります。でも，それを話したくはないんです」。こういう発言は，そのメンバーが論じることがわからないでいるようにみえるグループにおいても，それと同じようなものを見いだせます。ある人が，自分の見解を進んで述べることに不安なときがあります。別の場合には，何を考えているのか誰も言いたがりません。やがて，グループは次第にだれていき，交流がなくなってしまいます。そのとき，

グループをリードする人は，彼にもよくわからない状況なのですが，しかし，彼の目の前に繰り広げられているそのセッションという偶然の機会をどうやって扱ったらよいのか考えなければなりません。ここで再び偶然が，すなわち攪乱のなかで見分けことができる出来事があります。分析のなかで人は，コミュニケーションしないかもしれません。しかし，それにも関わらず，彼は動転しています。たとえアナリストの目の前で人々がどんなになめらかで率直で明らかに人のよさそうな考えを表したとしても，もし彼らが心乱されていないなら，分析に時間やお金を費すはずがないと賢明なアナリストなら考えるべきです。同様のことはグループにも当てはまります。個々のメンバーは，きっと問題を抱えています。しかし，明らかに個人の内に限られている情緒状況と，それがこぼれ出て，他のグループメンバーに影響を与えるそのあり方との間に，どんな相互作用が起こるのかを見る偶然の機会をグループ観察は提供します。

　グループ状況のひとつの不利な点としては，たとえば6人や10人を同時に見ることが，6や10の個別のパーソナリティがその場に存在していると思わせることです。換言すれば，参加者の個々の体格というものはあまりに強力なので，それと同様にパーソナリティは目に見える肉体によって当然枠づけられると思いがちになるのです。いろいろなパーソナリティを存在させていることの「劇的な」効果としては，参加者個々人が何を言ったり，あるいはしているのかが重要なのだと考えるようになることです。つまり，もうひとつの中間休止です。誕生以前から問題は何も抱えていないと思われている個人に関しても類似した状況は存在するのです。誕生というこの劇的な出来事は，つき抜けることのできない中間休止を示しているようです。

　人口の少ない古代ギリシャの都市国家の状況においては，民主政治が作動できました。すべての個人がいま起きていることを賢明に知ることができたのです。人々は公会の広場に集まり，各々が目の前に提示された事柄

に対して自分の感覚を働かすことができました。小さなグループにおいては，働いているいろいろな力を利用できます。グループの反応を見ることができるのです。実際に話されていることに注意を払うことに加えて，活動している他のあらゆること，つまり声の調子や，笑顔や動作や沈黙や一人の人から他の人へのあからさまな合図に心を開いておくことができます。広範囲にわたる出来事は私たちの目の前でおおっぴらです。コミュニケーションが入り乱れています。しかし，どんなにその状況が混沌として，その現象が，精神病的ないし神経症的に見えようとも，アナリストは充分にそれらに耐え，何が起きているのかを観察できなければなりません。それから彼は，言うとすれば，何を言うのかという問題に直面します。何かを言うことは選択に関わることであり，それゆえにことは整理されなければなりません。行われることは，全体状況をさまざまな要素に人工的に分割することであり，そういった要素を秩序づけることであり，それからそれらの要素の知覚されたものを再びまとめ，再統合することです。

　グループの期待はあまりに大きいので，語られるべき今起こっていることを待って聞くことなどほとんどできません。この期待は，もろもろの感情を刺激します。そして，それらの感情はあまりに激しいので，グループはいかなる情緒にも抵抗し始め，沈黙に陥ります。期待は度を超しました（失望や幻滅という期待も含んでいます）。バリヤー（抵抗，禁止，中間休止）が先の問題解決を保護し，現在と過去，未来と現在を分離するために築かれます。このバリヤーは，さらなる発展を受けつけないものになりましょう。しかし，他方グループは，もし中間休止が解明をもたらしてくれる考えであるなら，発展することができます。

　この状況は，不適切にも「中間休止」「抵抗」「治癒」のような用語で記述されます。多価的な言葉が，ひとつの中間休止のなかに含まれている，実際のいろいろな要素やそれらの表象をとりまとめるために必要とされています。私が記述していることは，新時代の断絶を示しています。つまり，

患者は，解釈（あるいは誤った解釈）によって「治った」と感じるか，あるいは，それまでは曖昧だったあるポイントを理解します。かりにそれをはっきりと言語化できるなら，患者は「もう解決しています。私は未解決にはしておきたくありません」と言いたがるでしょう。解明できたならば，患者はそれ以上を望みません。このことは，以前にはなかった考えがグループに提出される場合に，観察しやすくなります。メンバーがその考えのポイントをつかむことで，完結をあおり，際限のない問題は打ち切られた解決に変えられ，最終的な解決になるのです。けれども最終的な解決なんてありません。それぞれの解決は別の宇宙を開きます。その状況は，分析中に突破口が開くときのポイントを除いて，再び広く開かれていきます。広大で際限のない問題です。今や，個人は自由にもっと学ぶことができます。けれども彼がそう望まないなら，それは彼の観点からは，満足のいく「治癒」とみなされないでしょう。

　いくつかの疑問に戻りましょう。ソクラテス的アイロニー[訳注5]という感じではなく，その疑問がただならぬ重大なものであることを私は明らかにしたいのです。そして，それらが単純な疑問であることはわかっていますが，答えは意外にも難しいことを私は自覚しています。

　ある質問に対する単純な答えの例として，『パンチ』誌のジョークを使ってみましょう。小さな男の子は空でさえずっているひばりに大人の注意

訳注5）Socratic irony：ソクラテスは，無知を装って自称賢者に質問し，相手の回答の矛盾をつき，その不十分さや無知を暴露しました。それによってソクラテスは，「汝自身を知る」ことの重要性を主張したのです。しかし，この問答によって，相手はソクラテスがその答えを実は知っているくせに，わざと知らないふりをして，自分の無知を暴露しようとしたと時に激怒しました。ソクラテスが常套的に用いておおいに効果を上げたこのような論法を，ソクラテス的アイロニーといいます。
　なお，「汝自身を知る」は，「分をわきまえろ」という意味ではなく，「何も知らない己を知れ」ということで「無知の知」と同義です。このあと，ビオンも「無知」をキーワードに，論考を進めています。その中でビオンは，何もわからない「無知」という空間に耐え，時期尚早な答えで急いで満たさないことの必要性を説いていますので，ソクラテスの「無知の知」と一脈通ずるところがあるようです。

を引きつけます。彼は言います。「ねえ，おじさん，スズメがあそこの上の方にいるよ。飛び上がることも降りることもできなくて，キーキー泣き叫んでいるよ（Hi, mister, there's a sparrer up there an' 'e can't get up an' 'e can't get down an' 'e ain't 'arf 'ollerin'.）」訳注6)。少年による発見が，さもなくば見逃されたかもしれない情報を提供します。

　同じ出典からもうひとつ逸話を取り出します。父親に話しかけている少年は，「パパ，あれはなあに」と言います。答えは，「cow（牝牛）だよ」。「なんで，cow なの，パパ」。答えは，「そのママとパパが cows だからだよ」「なぜどちらも cow なの，パパ」。これら三つの単純な質問は，次から次へと尋ねられ，まだ解決されない問題を含んだ複雑さという領域にじかに導きます。このことは，質問に対してばかりではなくて，答えについても真実なのです。なぜならば，あらゆる良い答えのように，それらの答えはさらに多くの質問を刺激します。問題をうまく解決することにより，照らしだされるその主題はさらにいろいろな疑問や問題をあらわにしてしまうのです。

　単純な質問です。人間はいつ生まれるのですか。人によっては，自分自身の誕生という特別な例を挙げて，答えるかもしれません。それで私は尋ねましょう。あなたのパーソナリティはいつ生まれたのですか。あなたが最初に光を見たのはいつですか。あなたの眼窩が光を見ることができるようになったのはいつですか。あなたの眼窩は圧迫を感受でき，その圧迫が光の感じを与えたのですか。もっともその光の感じは，視覚という感覚を刺激するという意味では適切に，しかし，「見た」ことが，いわゆる大人や成熟した視覚ではないと言う意味では，不適切なものなのですが。同様の質問は，耳窩に関しても尋ねることができるのです。

　質問や答えがさらにいくらかあります。あなたは何をしているのですか。

訳注6）ロンドンのイーストエンドのコックニイ訛りの表現です。いわゆるロンドンの下町言葉です。

考えることです。あなたは自分が考えているとどうやってわかるのですか。私のフレーンズ（phrenes；横隔膜）訳注7）が上下しています。そんな答えもありましょう。つまり，人が吸ったり吐いたり深く呼吸するとき，私たちがそう呼ぶように横隔膜（diaphragm）によってか，ないしはホメロス時代のギリシャ人がそう呼んだように横隔膜（phrenes）によってその状態が引き起こされていると想像するのが理にかなっているのは誰にもわかることです。ひばりみたいに，それには突出した特徴があります。つまり，その答えは，理解できるものであり，正しいように思われます。人はどんな方法で考えるのですか。横隔膜（phrenes）を上下させています。それは次の点で，良い答えです。つまり，それはさらに一層の質問をかき立てます。アブデラのデモクリトス訳注8）の時代には，人々は頭蓋骨のなかに持ち歩いている活力がなく，何とも役に立たない塊——すなわち脳——が考えることと関係があるのではないかと疑い始めました。考えることというのは，副交感神経系，交感神経系，中枢神経系の末端と思われるあの物質の機能かもしれないということです。

　第二次世界大戦のおり，私はイギリス軍の兵隊に課せられたマトリックステストに出くわしました。彼らは，1ページの完成されていないパターンを完成するために，いくつかのなかからひとつのパターンを選ぶよう求められます。正答の数は，誤答の数と釣り合いました。それゆえに間に合わせ的な知能検査だと考えられました。これにはやっかいなこともありました。たとえば，ある男は，そのテストがそんなにばかばかしいほど単純なはずがないと確信しました。それで，与えられたパターンやあいた空間を計り始めました。結果的に，彼の得点は0点でした。理論的には，これはひどい低知能を意味するでしょう。もし，この男のパーソナリテイが精神医学的に評価されるならば，問題はもっと複雑になります。彼は，愚か

　訳注7）phrenesには，横隔膜という意味と別に心，精神という意味もあります。
　訳注8）Democritus：詳しくは「対話4」訳注3（p.84）を参照ください。

ではないかもしれません。しかし，なぜそんなに疑い深いのでしょう。なぜ彼は，単純な答えが正答であると信じることができないのでしょう。

　無知は，知識で満たされています。さまざまな質問に対するおびただしい答えがあります。それらの質問は，人間という動物に心があるということになっているので生じてくるのです。なぜそれは牝牛なの，パパ。なぜパパやママは牝牛ではないの。サイコアナリストとして，私は，メラニー・クラインやアブラハムやその他の名をあげるにはあまりにおびただしい数の論文を頼りにすることができます。けれども，私はまず単純な答えを頼みにするでしょう。人々は自分たちが情報を提供するよう求められたときに，わざと意識的にそれを差し控えることはあまりありません。もしあったとしたらそれは，質問者に意識的に故意に余白を提供するという例になるでしょう。しかしながら，フロイトによると無意識的な抑制である，答えられないということがあります。すなわち，それらはわざと誤魔化そうとか，だまそうとか，言い逃れしようとしているのではありません。他方，人が確信を持てなかったり，満足できそうもない答えを言う場合があります。フロイトは，これを錯誤記憶[訳注9]と呼んでいます。つまり，健忘によって空白になった空間を埋めようとするものです。この指摘は，実りの多いものです。それによって，私はさらに広がる疑問や質問を抱きます。人間が自然と同様に真空状態をひどく嫌い，空白に耐えることができないということが真実なら，人間は自分の無知によって浮かび上がってきたその空間を満たすために，そのなかに入っていけるものを見つけようとするでしょう。欲求不満に耐えられないことや，無知であることを嫌うこと，満たされていない空間があることを嫌がることなどが，空間を満たそうとする早熟で時期尚早な欲望をかき立てます。ですから，精神分析，精神医学，医学全体を含む私たちの理論というのは，空にいるひばりが「飛び上がることも降りることもできなくてキーキー泣き叫んでいるスズメ」

訳注9) paramnesia：詳しくは「対話4」訳注4 (p.84) を参照ください。

であると信じていることと本質的には異なっていない，空間を満たそうとする努力の産物の一種なのです。換言すれば，実践的なアナリストは，自分が理論を広めているのか，錯誤記憶と区別できない空間の詰め物を広めているのかを見定めなければなりません。

　人間という動物がほとんど何も知らないということを思い起こさせる人は，おそらく評判がよくないでしょう。人間は，無知や好奇の念の双方に取って代わるある種の権威的な声明に大きなどよめきを起こします。彼らの望むのは，そういう方法で，無知という不愉快な感情や質問の反復を辞めようということです。繰り返される質問というのは，反復強迫として知られていることでもあります。しかし，実際のところ反復強迫は，人間の好奇心の輝きであり，その出所が何であれ，権威的な声明ではこれまでに消すことができなかったものなのかもしれないのです。

　私たちは，質問に答えるよう期待されることに慣れてしまっています。私たちは応募者として，試験で質問を出され，それに答えるよう求められます。それらの答えがわからなければ，試験官は私たちを落とす権利を持っているとたいてい考えられています。ですが，ここでも人は挫折したことに怒り，そして，私たちが尋ねた質問や他の人から尋ねられた質問に，もっともらしい答えを出せなかったことに腹を立てて，これは一種のまやかしではないかと思うのです。私たちは，質問を尋ねる人と答えを知っていることになっている人双方に同一化します。私は，ソクラテス的アイロニーとは思われたくないと言いました。それは決して，ソクラテスが問い続けた結果，不幸な結末を迎えたためではありません。確かに，私たちの答えによってけりのついていることが切りのないものになれば，同様の危険が起こりうるでしょう。

　自らの手で自らをこの地球上から吹き飛ばすほどの力を持った人間という猿による進化の観点からすると，状況はさし迫っています。それは，自分自身や他の人々の知識を抑えこむ能力と「芸当（トリック）」を進歩さ

せる能力との競争です。ウォルト・ウィットマン^{訳注10)}は，次のように書きました。「私は，運動選手の教師である。私自身より広い胸郭を作ることができる学生は，単に私自身の広さを証明しているにすぎない。教師を打ち負かすことを学ぶことになる私のスタイルを彼は尊敬すべきである」。今日学生は，大学から教えられることばかりではなくて，自分たち自身を通して学ぶことでしょう。

　私がさほどパニックに陥っているわけではないゆえに，害のない寝物語を私は語っているという印象を与えているとしたら申し訳なく思います。今や急を要するひとつの状況に，びくびくせずに注意をうながしたいと思います。それは，錯誤記憶，つまり即座に理解でき，私たちの無知という空間を満たすのに使われうる答えによって，私たちはとんでもない危険に陥るのではないかという疑問です。つまり，人間の心の力は，その破壊性と同じ程度ではないかということです。これまでのところは，人間は生き延び，そして成長する能力を持ち続けてきましたが。

　才能ある人は絵を描き，それによって比較的直感力の乏しい人たちに視覚的イメージを伝えることができるでしょう。レオナルド・ダ・ヴィンチの髪と水のデッサンは，攪乱がどのようなものかという考えをうまく伝えています。その人自身のであれ，その人が生きている社会のであれ，心の攪乱は描写がとても困難なものなのです。つまり，攪乱が観察されなければ，その存在や意義を理解することはできません。今日，ほとんどの新聞が攪乱の兆候を掲載しています。それは，これまで文化的とみなされてきた領域に存在するのです。もし攪乱があらわに示されたなら，「それがどうした。私たちは皆そんなことは知っている」という答えが返ってきそうです。これは，中間休止の一例です。つまり，「皆知っている」ことは突

訳注10) Walt Whitman（1819-1892）：アメリカの詩人。代表作「草の葉」は個人の尊厳や民主主義を歌ったもので，その表現形式や思想は自由で，アメリカ文学に新しい伝統を樹立しました。日本においても，比較的早くから親しまれ，内村鑑三や夏目漱石にも大きな影響を与えたと言われます。

破しがたいのです。さらに，攪乱からまだ現われていない何かがあるのかもしれないし，それと同様に何かはよくわからないが攪乱に陥らせる何かがあるのかもしれないということも示唆しがたいことなのです。では，私たちは攪乱を抑え込むべきでしょうか。あるいは，それを調べるべきでしょうか。ある観点からすると，その質問に答えるのは簡単なように思われます。大学や学術的な人々は，観察された攪乱（問題）やその問題に納得のいく説明をしていると信じられている理論を調べ，好奇心を向けるのが賢明であると考えます。好奇心自体，それが向けられている間に吟味されねばなりません。私たちは，自分たち自身の好奇心を観察せずに，他の問題を理解することに向かってはいけないのです。

　多様な意見や観点があり，多様な性格が観察できたり観察されたりするグループのなかで，私たちはどんな手順を踏んだら良いのでしょうか。グループのメンバーは皆，心の多様な状態を表わしています。それぞれの心の状態は，人間性，人間の心性，ないしは人間の性格として表わせそうな完全体，統合された全体として見られるかもしれません。私たちは，これらのさまざまな「観点（vertices）」を個々の人間の解剖構造に対応する心の状態に「分割させる」ことにより，それをもっと簡単に調べることができましょう。けれども，パーソナリティは，人の生理に固定されているのでしょうか。あるいは，**民の声は神の声**[訳注11]という陳述に合う統合があるのでしょうか。文化的特性があるのなら，それはある思考を好み，他のものを疎んずることによって表現されるのかもしれません。貫きがたい

訳注11）vox populi, vox dei：ラテン語で「民の声は神の声」という意味です。もともとの出典は，8世紀のイギリスの神学者，ヨーク司教アルクインの書簡のなかにあります。意味としては，民衆の言うことは神の意志であり，真理は世論にある。それゆえ為政者はこれに耳を傾けなければならないということです。しかし，もう一方では多数派の意見は必ずしも賢いわけではないが，多数派の意見には従わざるをえないという意味で使われることもあるようです。ビオンは前者の意味でこの言葉を使っているようですが，そのような統合がもたらされたなら，それ自体が貫きがたい「中間休止」を形成するのだと語っているようです。

中間休止が生まれます（この「中間休止（caesura）」という用語は，フロイトのオリジナル論文では「非難（censure）」とミスプリントされ，そしてもちろん偶然になのですが，その当時でさえ，それが無意識的に検閲，制止として記述されたということは好奇心をそそることです）。

近年，原始的芸術家は，洗練されたものと原始的なものとの中間休止を貫いているようです。洗練された芸術家は，原始的芸術家が伝えたいいろいろな要素を学ぶ用意があり，自覚しようとしているように思われます。ランボーは，明晰な人間のはしりですが，彼ははっきり言い表わされないものに耳を傾けました。ボードレールやシェークスピアやホメロス[訳注12)]は，共に生きている人々の心の状態を明確に述べ，当時は現われていない心の状態——つまり私たちのですが——それに貫き入ることができました。そのような人たちはある方法を発見し，その方法によって，彼らが言わなくてはいけないことを，彼らが言いたいと望む人たちに利用できるようにします。彼らが言わなければならないことが受け入れやすくなる過程で，それは，とても穏やかで，とても耐えやすく，我慢しやすいものにされるので，その本質が見失われます。芸術作品の美しさのみが観賞されます。つまり，『オデュッセイア』[訳注13)]や『イリアス』[訳注14)]や『アエネイス』[訳注15)]は，ただの詩になります。美しい公式やデッサンや絵画や音楽の背後にあ

訳注12) Homer（B.C. 800 頃）：『イリアス』，『オデュッセイア』の作者として知られています。伝記は一定しませんが，今日では紀元前 800 年以前の人であることは確かだといわれています。生地についても諸説ありますが，その文体から小アジアの西海岸であろうとのことです。

訳注13) Odyssey：『イリアス』と並び称される古代ギリシアの叙事詩で，ホメロスの作と伝えられています。ギリシアの英雄オディッセウスがトロイア戦争後にその故郷に帰るまでのさまざまな冒険を物語ったものです。

訳注14) Iliad：『オデュッセイア』とともに，世界最古の叙事詩で，ホメロスの作といわれています。ギリシアの英雄アキレスが親友の死に憤激して，敵の総大将を倒す壮大な叙事詩です。

訳注15) Aeneid：ウェルギリウスの叙事詩。紀元前 30 〜 19 年頃執筆され，12 巻よりなりますが，未完のままです。トロイアの英雄アエニアスがトロイア落城後に冒険を続け，ついにラテン民族の王になったという伝説を基に執筆されました。

るものは失われます。美しさだけが残るのです。広く流布する抑制的な権力のパワーから逃れられるものがあったとしたら，ほとんど偶然のようです。音楽を聞く代わりに，ラジオの雑音を聞いている人がいます。雑音に焦点を合わせられるとてもパワフルになった機器によって，聞くことについてのとてつもない突破が開かれています。電波天文学が生まれるのです。理解力の増大のおかげで聞けるかもしれないことを，人が聞きたいと望むかどうかは，率直な疑問です。文明の叡知が結合し，人々が神のような万能力を持つようになって作られたアプローチからは，新しく発見された定式はひとつの解釈にすぎないとして退けられるはずです。その後，その死骸を下に埋めたままにしておくために，望ましくはたっぷり重い記念碑が建てられます。もうひとつのやり方も効果があります。すなわち，表面の穏やかさをかき乱す人や物に対して，「そうです，あなたも私たちと同じように神なのです」と言い，その人を権力階級に招き入れることによって，神聖化し賛美するのです。このように，新しく生まれた考えや発見への対処に利用できる二つの手段があります。すなわち，それを埋葬するか，理想化するのです。その人が天才であるということ，それゆえに私たちを超越しています。あるいは，その人が気が狂っているということ，それゆえに私たちを超越しているのです（後者は，精神病院に安全に拘留されます。人々の「正気」が突き破られないように）。両方の機制ともただちょっと距離をとれば，識別できます。「そういったことは起こっています。ただし，ここではありません。同僚も私もそんな風にしていません」。「同僚も私も」。まさにそんなふうにしているとは認められないのです。私は常に自分が使えるように，目をさましているか，それとも眠っているかどうかを詳しく自己吟味することができます。それは困難であり，不快でもあるのです。

　自己認識から逃れることはたやすくて，（自分を殺すことによって）はなはだ暴力的でもありえます。同様にグループや社会も，他のグループや

社会ないしは文化を殺すことによって，自分たちのあらゆる問題を解決することができます。このような殺人的な衝動は，これまでは事足りていませんでした。なぜなら，殺人者は彼が殺そうとする物事によって突き破られ，社会はそれが破壊しようとしている文化によって貫かれるからです。宗教は，その立場を取って代わろうとしている宗教によって思想をはらまされるのです。

フロイトからの引用について
1976

　「誕生行為という印象深い中間休止（caesura）が私たちに思い込ませているよりも，はるかに多くの連続性が子宮内生活と最早期乳児期との間にはある」。私は，この引用を誤解しているのかも知れません。しかし，フロイトが「感動的な中間休止は……私たちに思い込ませている」と言うように，まるで中間休止こそが私たちを支配しているかのように述べているのが，不適切であるとは思いません。これによって，私は，遠い昔のホメロス的な描写を思い出します。それは，フレーンズ（phrenes；横隔膜）が人間の思考や考えの起源であるとのことです——まさにそれは合理的で科学的な結論であるという印象を与えます。なぜなら，人が自分の思うことを述べるときには，明らかに横隔膜（diaphragm）が上下するからです。横隔膜（diaphragm），中間休止は大切なものです。つまり，それは考えることの源泉です。

　ピカソは，透明なコップに絵を描きました。コップの一方に絵を見ることができますし，もう一方からも見ることができます。私は，同じことが中間休止にも言えると提案します。つまり，それはあなた方の見方，視点の動き方次第なのです。精神身体障害，ないしは身体精神障害，どちらを選んでも——あなた方が精神身体的観点，あるいは身体精神的観点でそれを見るかに関わらず——その像は同じものと認識されるはずです。

　私は，あなた方が私に加わり，無知の深みに入り込んでもらいたいのです。その深みとは，できるだけ先入観や理論などをぬぐい去った心の枠組

みに私が何とかして到達し，戻ろうとしてきたものなのです。私が求めていることは，まるで心の軽業とでも言うようなものなのです。私は，それを高く評価します。解剖学，生理学，精神分析学や精神医学に充分精通している人たちには，そもそもの無知の状態に戻ることはたやすくありません。

そう言うためだけに言っているように聞こえることを言ってみましょう。たとえば「くされマンコ（ブラッディ・カント）訳注1）」「血まみれの膣（ブラッディ・ヴァギナ）」です。前者の表現が，普遍的な言葉のひとつであるのかは疑わしく思います。それは，性的ではありません。つまり，生理学的，あるいは解剖学的でも医学的でもありません。全く別のものなのです。ですが，血まみれの膣は，医者，おそらくは産科医や婦人科医が話す種類のことでしょう。もう一方はどうなのでしょうか。

私は，答えを出そうとは思っていません。それは，治癒が無知であればと私が願っているためではなくて，とにかくさしあたって，私は答えを一種の質問の病気として扱いたいからです（アンドレ・グリーン先生訳注2）は，モーリス・ブランショ訳注3）からの「答えは質問を不幸にする（La réponse est le malheur de la question)」の引用に私の目を向けさせました）。私は，くされマンコ，その響きに注意を引きたいと思います。なる

訳注1）bloody cunt：文字通り訳せば「血まみれのオマンコ」という訳になりますが，実際にはイギリスの俗語で，相手に悪態をつくときに強く吐き捨てる言葉です。日本語で言えば，「くそったれ」とか「ちくしょう」，あるいはもっと激しく「ぶっ殺してやる」というような表現があてはまりそうです。それに対して，次のbloody vaginaは，「血まみれの膣」という文字どおりの意味しかありません。したがって，産科医や婦人科医が話すような言葉になります。

　ビオンは文字どおりの意味では同じ言葉でも，その内容ではまったく異なっているこのふたつの言葉を対比させることにより，言葉というものが原初的で蒼古的な意味や心の部分を内包しているのではないかと問い掛けているようです。

訳注2）André Green (1927-)：パリ精神分析協会に所属しているパリ在住の精神分析医です。もともとはラカンの流れを汲んでいましたが，その後対象関係論的な理解を深めていった現存する著名な精神分析家です。

訳注3）Maurice Blanchot：詳しくは「対話2」訳注6（p.52）を参照ください。

ほど「オマンコ」は解剖学用語でも，生理学用語でもありません。それが一体何なのか私にはわかりません。さあ，私はそれをあなた方にオープンに問いかけましょう。というのは，あなた方がこの質問を調べるなら，このまったく原初的で蒼古的な言葉が何なのかをあなた方は発見するだろうからです。「くされ（ブラッディ）」は，白血球や赤血球などとは，ほとんど関係ありません。実際，それは，「聖母マリアによる（By Our Lady）^{訳注4）}」という表現の短縮形です。ですから，それは，洗練された用語で私たちが神聖であると考えているもののかんじんかなめの部分なのです。

これはまったく奇妙です。「オマンコ」そしてそれと混じったこの神聖な言葉。その神聖さは，おそらくローマカトリック教が身近な人にははるかに意味深いものでしょう。ですが，それが必ずしもキリスト教的意味を持たなくとも，同じ神聖な要素を発見できると思います。このことは，「くされマンコ」やそうしたものが何であれ，その実際の音の響きに注意を向けようとする前置きにすぎません。この表現が例えば中国語やロシア語に，どの程度言い換えられたり，認識されうるのか，私にはわかりません。ともかくも，中国人は，自分たちどおしでとロシア人との間では同じではない顔面筋の動きの違いを見て取ることができるように思われます。多種多様な経験をこういった問題に投入できることが，この種のカンファレンスの利点です。

この「言語」に関する奇妙なこととして，それが蒼古的な性質を持っており，人に特徴的な思索の知的な側面をさらに育み，生き生きとした面をあまり育てないように思われることです。それは，たとえ言語にするという地点にまで至らなくてもです。例えば，誰かにひどく腹を立てている人が，その人のことを「くされマンコ」と呼ぶなら，言い表わしようはない

訳注4）バイ・アワー・レディ（聖母マリアによる）を短縮して発音するとブラッディに似るところから，「聖母マリアによる」と「くされ（ブラッディ）」の関連性を論じているのだと思われます。

けれども，怒りの表現をずっと生き生きしたものにできる蒼古的な要素によって，彼の知的な怒りの表現が潤うと感じるでしょう。それは，ほぼ確実にあれやこれやの大混乱をもたらすでしょう。

レオナルド・ダ・ヴィンチは，『手稿』のなかで，水や髪の毛のデッサンをとてもたくさん描きました。これは，私には，先程のと同様の混乱を芸術的にスケッチしたもののように見えます。私たちがそれぞれの相談室やオフィスの孤独さへ散らばって行くとき，そこにあるものは混乱であると私は思います。その混乱は，言葉で表現されているある形態としてあらわれるかもしれません。つまり，それは，「潜伏期」と呼ばれるのが比較的適切であるような形態であらわれるのかもしれません。『アエネイス』第5巻末尾で，パリヌルス[訳注5]は次のように言ったと描かれています。地中海の穏やかで美しい水面上で，自分が船団の舵取りをしている間に航路をはずれてしまうなら，自分は大変未熟であるとソムヌス[訳注6]は考えるに違いないというのです。このことは，忘れてはならない大事なことです。つまり，私たちは，いろいろな相談室や施設に充満している表面上の美しい穏やかさに惑わされてはいけません。

さて，私は，科学的な作り話に耽りましょうか。これは私が問題を真面目に受け取っていないということではありません。私は科学的発言に近づけないだろうということです。ごく早期の段階から，生殖細胞質とそのまわりの環境との関係は，影響を及ぼしあっているように私には思えます。「誕生という印象深い中間休止」のあとでさえ，なぜその痕跡がなにも残っていないのか私にはわかりません。結局のところ，解剖学者がしっぽの痕跡を見ているというのなら，そして，同様に外科医が魚のエラの裂目に由来する腫瘍を見ているというのなら，いわゆる心の痕跡や蒼古的な要素

訳注5）Palinurus：『アエネイス』中の人物で，アエネアスの水先案内人。ルカニアの沖で溺死します。

訳注6）Somnus：古代ローマの眠りの神。ギリシア神話のヒプノスに当たります。

もあるはずと思いませんか。それは，不安にさせたり，混乱させるやり方で働いているのです。と言いますのは，私たちが通常，合理的で正気のふるまいと考えている美しくて，穏やかな表面をそれは突き破るからです。

とても満足のいく状態で生まれた赤ん坊は，誕生時に，泣き喚きました。そして黙らせることができませんでした。母親がその子を宥めれば宥めるほど，ますます子どもは泣き喚きました。母親は眠ることができなくなりました。というのは，この明らかに疲れを知らぬ喚き声のためにです。私は，このことは，この話でのごく後期の出来事であったと言おうと思います。なぜなら，それは「誕生という印象深い中間休止」のために単に隠されていたからです。

私は，胎児の考え——と言えそうなもの——をいつか知る機会があるだろうとは思いません。でも，私の科学的な作り話を続ければ，胎児が感じるはずがないとする理由はなにもないと考えます。私が思うに，次のように考えることがとても役に立ちましょう。つまり，もし，恐怖を視床恐怖として，あるいは副腎もしくは後に生殖組織になるものと関係するようなある種の腺症状として考えるなら，恐怖やその激しさの段階をもっと簡単に思い浮かべたり，想像できるということです。お好みならこれをいわば記憶痕跡として見ることもできます。しかし，これらの記憶痕跡は，未来が前方に投げ掛けている影とみなすこともできるのです。このミーティング自体が，人生のなかで，私たちが何とかして手に入れようとしてきた経験や知識の表現や改訂版としてみなすこともできましょう。しかし，それはまた，私たちが過去を知っている以上には何も知らない未来の影，前方に投影し，投げ掛けている影を示しているとみなすこともできましょう。私たちを信じさせる中間休止，私たちを信じさせる未来，あるいは，私たちを信じさせる過去——それは，あなた方がどちらの方向に向かい，何を見るか次第なのです。

あまりに時期尚早で，あまりに早熟なために耐えることのできない時期

尚早で早熟な発達があるように私には思われます。それゆえ，胎児やイド（エス）は，発達の連結を切断することに全力を尽くします。後の段階になって，人は引きこもることができます。このことは，30歳過ぎの男に起きました。彼は，自分の部屋のカーテンを閉め，自分の住む宇宙からできるだけ遠くに自分自身を隔離しました。彼は，この宇宙を嫌がり，分析の初期には，何セッションにもわたってスミス・アンド・ウェッソン・リボルバー銃を持ってくるほど私を嫌がりました。解釈をやめさせる手段として使えるようこれ見よがしに彼はそれを脇に置きました。幸か不幸か，私は，小型兵器のインストラクターでしたので，そのスミス・アンド・ウェッソンにおおいに注意を払いました。そのために，私は，患者の話に注意を払うことにいくらか散漫になり，そこで，患者も同様に私の話にあまり注意を向け過ぎなくてもすんだと思います。

　もうひとりの患者は，視覚に並はずれて敏感で，あまりに敏感なために彼はありふれた服を着られませんでした。というのは，服の色が耐えられなかったからです。また別の患者は，フィルハーモニア・オーケストラの演奏を聴くのが耐えられませんでした。そのオーケストラが最高のオーケストラのひとつであった時代にです。というのは，彼の話ですと——私は彼の言うことを信じているのですが——クラリネット奏者の音がシャープしたというのです。その後，いかにその音をさえぎるかが問題となりました。

　この種の患者は，知的である場合も多く，時には賢くもあります。私はひとりのかわいそうで哀れな男を覚えています。彼は，殺人を犯しました。しかし，とても知能が低いことがわかったので刑期は短くなりました。彼にとってあいにくなことに，私と会った頃には，彼の知能は英国西軍司令部が規定しているほどには低いわけではありませんでした。そして，その司令部は，彼がライフルを携えて観兵式にでなかったなら，処罰する意向を持っていました。彼は私に言いました。「私は武器を持つことに向いて

おりません。でももし，私がこの国のために仕えるなら，自由の身にすると言われたので，私は刑務所から出してもらいました」。維持する能力がないことが彼にもわかっている殺人武器を国が彼に与えると言い張るならば，それは極めて困難な事態で，特別難しいことになります。

　私の科学的な作り話を続けたいのですが，胎児に関しては，それはうまく表現できません。ですが，羊水のさまざまな圧力変化によって，胎児が耐えられないほど明るい光を見たり，耐えられないほど大きな音を聞いたりしている状況を想像することはできます。胎児は，臨月には，ひとつの性格やパーソナリティなのでしょうか，そうではないのでしょうか。その性格ないしはパーソナリティはいつ生まれるのでしょうか。そして，その性格やパーソナリティが液体環境にいる間に身につけたものすべては，いつ忘却され，取り除かれ，不要にされるのでしょうか。この液体環境のなかで，とりわけある動物たちはものの匂いを嗅ぎつける能力によって，ある種の長距離知覚を手に入れるようです。つまり，ツノザメやサバは，腐ったもののまわりに集まります。

　先の胎児が液体ではない流動性の気体環境，つまり空気へ移ったときに，実に印象深い変化があるように思われます。ですから，またしても，振動やうねりの感覚があるのです。とてつもなく原初的な感受性がなぜ持ち越されるはずがないのか，私にはまったくわかりません。つまり，胎児は，健康的で正気の対象でありうるのです。しかも，パーソナリティのようなものが存在すると思われるずっと以前から，そしてそのずっと以後も，伝えられてきたいろいろな圧力に胎児はさらされてきているのです。

　私が医学生だった頃，小さな黒猫が病院の前庭にいつも同じ時間に現われたものでした。その猫は，「うんちをし」，それをきれいに隠した上で，歩き去ったものでした。その猫は，メラニー・クラインとして知られていました。メラニーというのは，その猫が黒かったからでした。クラインというのは，小さかったからでした。そして，メラニー・クラインとは，な

ぜならその猫がどんな抑制もしなかったからでした^{訳注7）}。DNA分子の分子配列を借用すれば，人の心の螺旋状^{訳注8）}の発達での異なった水準においてこのことは繰り返されるという感じがします。私たちはこのように同じことに戻ります。しかし，どこか異なった水準においてです。私たちは，これらの蒼古の名残による本質的な寄与を失うことなくさまざまな水準で戻ろうとしていると，私は思うのです。

訳注7）ここでビオンは，メラニー・クラインと名づけられた猫の姿を借りて，自分のアナリストであったクラインの人柄や心的態度について語っています。つまり，「どんな抑制もしない」という表現で，クラインが真実に対して開かれた態度を持っていたと，ビオンは言いたいようです。

　なお，Melanie（メラニー）は，ギリシア語で「黒い」を意味し，Klein（クライン）は，ドイツ語で「小さい」という意味です。

訳注8）原文では heliacal（太陽の近くで起こる）という単語が使われていますが，helical（螺旋状）の誤植とみなして訳します。

証拠
1976

　次の自由連想は，分析中の患者によってなされました。「私は，両親がY型の階段（Y-shaped stair）の一番上にいて，私がそのいちばん下にいたのを覚えています……それで……」。それがすべてでした。それ以上の連想はありません。終わりです。私は待ちました。そして，その間私は，いつものように私自身がたくさんの自由連想をしました（それを，私は，自分がアナリストということになっているので，胸に納めておきます）。私に浮かんだのは，これは，視覚的なイメージ，つまりただYという形を言葉で表わしただけのようだということでした。とても簡単で，簡潔で，あそこで短く終わってしまった発言について，私が率直に心打たれたことは，私の見ることができないたくさんの意味がそこにはあるに違いないということでした。実際のところ私に見えるようになったものを「Y」と書いて表わすこともできました。その後私に浮かんだのは，もしそれを「なぜ型の凝視（Why-shaped stare）」と綴ったなら，もっとわかるものになるということでした。唯一困ったことに，私は，患者にそれを意味のあるふうにはどう言ったら良いのかわかりませんでしたし，また，そのためのどんな証拠を生み出すこともできませんでした——それが私の心に呼び起こしたひとつのイメージであることを除いては。だから，私は何も言いませんでした。しばらくして，患者は続けました。そこで，私はかなりもっともらしい精神分析的解釈と思われるようなものを生み出しはじめました。

このことを後に考えて，Y型は三つの線の交点のところを押し込んだとき，円錐ないしは漏斗になるだろうと，私は想像しました。もう一方，もしその交点を引っ張り出したなら，Y型は，とんがった円錐形になるし，お好みならば乳房の形になるでしょう。実際のところ，それは私にとっては患者の側から喚起された自由連想でした。しかし，私は，まだ途方にくれていました。というのは，それがひとつの解釈として，そしてまた，患者が理解できるようにどう言って良いのか，私にはまだわからなかったからです。言い方を変えれば，私が，聡明で明快だなんてことがおよそありうるのでしょうか。

次のセッションで，私は，月並みで意にかなった解釈で時間を潰しているようでした。それから，私は，いまここで話してきたことについて述べようと思いました。「あなたが私に語ったことの普通の意味に加えて，――私は，あなたが言ったことは，あなたの意図したことを正確に言い表わしているに違いないと思いますが――それには，一種の視覚的語呂合わせがあるんじゃないでしょうか」。続けて，私は，彼にその解釈をしました。彼は言いました。「そうです，その通りです。しかし，それにしてもあなたは随分長くかかりましたね」

さて，問題は次のことです。患者が私に与えている**証拠**は何だったのか，そして，解釈のために私が見ていた，あるいは見ていると思った**証拠**は何だったのか，ということです。患者が「そうです。その通りです」と言うのはまったく結構なことです。私は彼を信じます。しかし，私にはなぜ彼がそれを正しいと考えたのか，あるいはなぜそれが正しかったのかわかりません。実際のところ，その発言に関して何が証拠なのか私にはわかりません。

フロイトは，シャルコー^{訳注1)}の追悼記事のなかで，あるパターンがあらわれそれを解釈できるまで，未知の状況をじっと見つめ続けるというシャ

訳注1）Jean Martin Charcot：詳しくは「対話4」訳注1（p.83）を参照ください。

ルコーの考えを力説し，そして，明らかに並々ならぬ感銘をそれから受けていました。シャルコーは，もちろん身体医学，外科学，神経学について語っていました。ことそれが，精神分析になると，別の問題が起きてきます。つまり，とにかく慣習的に私たちは，患者との身体接触から生じる自分たちの感覚を使わないことになっています。けれども，私たちは，患者が目の前にいることに並々ならぬ重要性があると認めます。それは，彼が現れたらの話ですが。ある意味で問題なのは，患者が他日またやってくるだけの価値あるものにしようとする試みです。理論上は，少しも難しくありません。臨床においては，実際とても難しいのです。ですから，患者がまたやってくるほど彼の好奇心ないしは関心が保たれたなら，喜ばしいことであると私は思います。

　しかしながら，依然としてこの問題は存在します。サイコアナリストでない人たち，あるいは精神分析の訓練を受けていない人たち，いやそれを言うならたとえ受けていたとしても，そういう人たちに私たちは何を言うべきでしょうか。生まれてからこの方私たちが学んでいることの大部分は，私たちの感覚を通して大ざっぱには知覚できています。でも，それ以外の私たちが学ぶどんなことも，表わしがたいものです。もし，私が言語化できたとしたなら，患者のこの発言が語呂合わせだと思ったのはどんな証拠からなのか，私は言ったことでしょう。けれども，「私ではない」人物とコミュニケーションしようとするなら，どんな言語を使うべきか私にはまだわかりません。

　この主題から少しの間離れて，フロイトの次の発言を思い出していただきましょう。「誕生という行為での印象深い中間休止（caesura）が私たちに信じさせているよりも，子宮内生活と最早期の乳児期との間には，はるかに連続性がある」。フロイトはこのことをさほど探求しませんでした。おおむねフロイトはそれを次のように言うことでおしまいにしたようでした。「私は，自分の思弁的傾向を抑制するようになり，私の師であるシャ

ルコーのなおざりにされた助言に従い，物事自体が語りはじめるまで何度何度も同じことを見つめるようになった」。それはまた，とても重要なことだと私には思われます。つまり，私は，そのことについて記憶や欲望を捨てるという点から考えています。記憶というのは，過去の時制であり，欲望というのは未来の時制です。換言すれば，できるだけ真っ白に近い心でセッションを始めようとのことです。それは，全く真っ白というわけにはいきません。なぜならば，生まれてからこの方，人には膨大な過去の歴史があるからです。つまり，気体環境，空気の住人になってから，人は並々ならぬ量のことを学んできました。どのくらいのことが忘れられたのか，私にはわかりません。実際のところ，精神分析での革新的で攪乱させる理論のひとつは，実際に消滅するという意味でことが忘れられるのかどうか疑わしいということです。メラニー・クラインの考えは，乳児は，ごく早期の段階である空想を持ち，自分が好ましくないものはスプリットオフし，それを排出できるというものですが，その考えの大事なポイントは，それが万能的**空想**であるということです。つまり，何も起こらず，状況は変わらないままで，パーソナリティも変わらないままなのです。しかしながら，今やあるものが取り除かれたというこの空想的信念が層をなして加わっていくのです。しかし，あるものが忘れさられず，蒼古的な心性の眼目にすぎないもの，つまり無意識的思考になったと仮定しても，用語上は矛盾していますが，それは並はずれて活動的なのです。

　外科医は比較的幸運です。次のように言うことができます。「手術であなたの背中のこの痛みを取ることができると思いますよ」。というのは，その患者には尻尾の痕跡に腫瘍があると，彼は結論を下したからです。彼はそれを言わないのでしょうが。あるいは，「そうですね，手術できますよ」。またもや彼はなぜなのかを言いません。でも，彼は，患者には魚のエラの裂目の腫瘍があると確信しています。外科医が，患者をまるで猿か魚か両生類であると考えているかのようにふるまったり，話したりするな

ら，彼の評判はあまりいいものにはならないでしょう。同じように，40や50や60歳にもなった人がもうはるか前に取り除いたと思っている心の状態の痕跡を見せているのだと，私たちサイコアナリストが考えているかのようにふるまうならば，それはよい評判にはなりそうもありません。彼は，自分は成長しているし，そんな精神分析的なくだらない考えは信じていないと自慢するでしょう。

　ですから，私たちは，またしても古くからのおなじみの問題に戻ります。つまり，私たちは何を言うべきでしょうか。私たちは患者といかにコミュニケーションすべきなのでしょうか。外科医は通常，適切に保管され，無菌状態でいつでも利用できる手入れの行き届いた器具を頼みにできます。わたしたちが使わなければならないのは，考えをはっきり表現できる言語です。私たちの手術を遂行すべき器具は，品位を落として流布している言葉であり，それらは意味がなくなるまで全く口当たりよく使い古されているのです。つまり「セックス」「恐怖」「敵意」のような言葉です。それゆえに，とても品位の低下した言葉，そしてそれらはこの先さらに品位を落とすのは，かなり確実でしょうが，そういう言葉を私たちが使わねばならないときに，患者はアナリストがありきたりのナンセンスな話をしていると考えたとしても，驚くにあたりません。その代案としては，専門用語を使うことがあります。しかし，それは同じようにまずいことです。というのは，それらは専門的戯言や，単なる騒音や「学問的」ナンセンスと見分けがつかないからです。このために私は，アナリスト銘々が次の訓練をやりとげねばならないと思います。それは，私が知っているどんなトレーニングコースにおいてもアナリストに提供されません。その訓練は，自分自身の言語を練り上げ，そして使う言葉をうまく働いてくれる状態に保つということです。私が思うには，それは特別深遠な語彙であったり，特別幅広いものである必要はありません。それは，全く狭い語彙ということもありましょう。しかし，自分で選んだものだということがとても大切なので

す。人が自分の人生をいかに生きるべきか，いかに考えるべきか，どんな言葉を話すべきか，誰も言うことはできません。ですから，個々のアナリストは自分で，その言葉を知っており，その使い方を知っており，その価値を知っている言葉を練り上げることが絶対本質的なことなのです。とても良く知っているので，彼が解釈をし，アナライザンドがイントネーションや強調の仕方をかすかに変えてそれを繰り返すとき，それはまるで同じ繰り返しのように聞こえるかもしれませんが，実際にはそうでないことを発見できるのです。これが分析の**実践**における驚くばかりに難しいところです。つまり，あなたが何も言わないなら，自分に言われたことを正しく伝え返したと患者は思ったままでいましょうし，あなたがその違いに患者の注意を向けたなら，あなたは，物知りぶって，こうるさく，あなたが言ったことを患者は正確に繰り返しているのに，患者の言うことにあなたが不平を言っているという非難にさらされます。あなた方は次のように指摘することもできます。「私があなたに言ったことをあなたが正確に繰り返したはずがないんです。というのは，それはおよそ一分半立った後のことだからです。私があなたに話しかけてから時間は過ぎ去っています。ですから，私が語ったままのように**聞こえる**ことは，実際はそうであるはずがないのです。私が意図したところもあなたは理解しました。——そうだとしたら，その問題に関して言うべきことはもう何もないのですが——正しいか，そうではないかのどちらかです。あるいは，あなたはもはや他のことを話しているのです」。

　もし，私たちが誕生という中間休止の重要性をおおいに認めるなら，臨月の胎児がどんな言葉を話したり理解するのか熟慮しなければなりません。私たちは，これまでのところ臨月の胎児を分析するまでは求められていません。しかし，私たちは，成長した子どもを分析するように求められています。人々はおそらく絶望して，私たちのもとにやってきます。というのは，彼らは実際のところ自分たちのために多くのことがなされるはず

がないと思っていますが,実際には苦悩し混乱した状態のなかにいるからです。この混乱した状態を,レオナルド・ダ・ヴィンチは髪の毛や荒れ狂った水のデッサンでうまく描き出しています。しかし,レオナルドやシェークスピアによってさえも,それは真に明確にはされていません。私が思うに,それはフランシス・ベーコン^{訳注2)}によって明確にされています。ベーコンは『ノヴヌ・オルガヌム』^{訳注3)}のなかで次のように書きました。「真実を探し,発見するには二つの方法がある。そして,二つしかないのだ。ひとつは,感覚や特性からもっとも一般的な公理まで飛翔し,はっきりと定められたこれらの原理原則やその真実性から中間公理をこしらえ,判定する。もうひとつの方法は,感覚や特性から公理を集め,そして,絶え間なく徐々に高めていき,その結果しまいには,いっそう一般的な公理に到達するというものだ。後者の方法が,本当のやり方である。しかし,これまで試みられてはいない」。レオナルドやシェークスピアや他の芸術家とフランシス・ベーコンがこの論述の中で目指そうとしているものとの相違を誇張したときに,カント^{訳注4)}の論述を引用できるでしょう。「概念のない直感は盲目だ。直感のない概念は空虚である」。

　私たちの課題は,いかに直感を概念に引き合わせ,そして,概念を直感に引き合わせるべきかです。言い方を変えれば,意識的で合理的な会話のなかで,ある感覚(フィーリング)とはっきり結びついているものを私たちはいかに述べたらよいのでしょうか。私は時々思うのですが,フィーリ

訳注2)Francis Bacon (1561-1626):イギリスの哲学者,政治家,文人。若い頃は弁護士,裁判官として手腕をふるい,57歳で大法官の職にまで就きますが,晩年は収賄によって投獄され,不遇に終わりました。若い頃から中世的な思考から脱却した新しい科学的哲学体系の樹立を目指し,哲学,文学,法律に関する著書が多数存在します。

訳注3)Novum Organum:ベーコンの未完に終わった大著『大革新』の第二部で1620年に公刊されました。ノヴヌ・オルガヌムはラテン語で「新しい道具」という意味で,科学的認識の新しい論理を説いています。

注4)Immanuel Kant:詳しくは「対話2」訳注4 (p.47)を参照ください。

ングは，アナリストがそれを事実として尊重できるというえがたい喜びを体験する数少ない事柄のうちのひとつです。患者が怒りや脅えや性欲などを感じているなら，少なくとも私たちはそれは事実であると想定することができます。けれども，患者が理論や耳にした話をかじり始めるなら，私たちは事実とフィクションの区別をつけられなくなります。あるいは，フロイトが述べたように，個々人は健忘症を患っています。それですき間を埋めるためにさらに錯誤記憶を作り出します。それをするのが患者だけなら，とてもうまいぐあいなのですが。同様に，**私たちがそれをしないのなら**，とても幸運です。サイコアナリストとして私たちは，まったく尋常ではない事柄，つまりパーソナリテイや性格を扱っているという可能性を心に留めておいたほうがよいようです。あなたがたはそれに触れることも匂うことも感じることもできません。そして，あなたがたがともかくもひどく疲れていたり，普通より気づきが悪いのならば，もっとも近くにある手頃な錯誤記憶やもっとも近くに存在している精神分析理論に手を伸ばすことが役立ちます。精神分析全体が錯誤記憶をはなはだ精巧にしたもので，すき間，つまり私たちのぎょっとするような無知というすき間を埋めることをもくろんだものだとしたら，どうしたものでしょうか。

　また，もうひとつの絵画的イメージを引用しますが，それは，「国家という船」についての浮浪者（J.B.モートン[訳注5]）によるコメントです。「国家という船で航海すること」について語ったのは，実際にはとても著名な政治家（ウインストン・チャーチル[訳注6]）だったことは言っておかねばなりませんが。「それが指し示しているのは，国家という船にはほかにどこか悪いところがあろうとも，船底の汚水にはまったく悪いところは

訳注5）John Cameron Andrieu Bingham Morton（1893-1979）：イギリスのエッセイスト，ユーモア作家，歴史家。「浮浪者」の筆名でデイリー・エクスプレスに滑稽なエッセイを寄稿していました。また，フランス革命の研究家でもあり，詩や小説も書きました。

ないということだ」。手短に言えば，汲み上げねばならない無尽蔵なほどの無知があります。それが私たちが確かに汲み上げねばならないおよそすべてなのです。けれども，希望を抱かせるのは，心やパーソナリティや性格のようなものが存在し，私たちはまさにないものを語っているわけではないということです。分析において，私たちは何かを，記述するのはとても難しい何かを扱っているのだと私は確かに感じるということを——いくぶんは私の偏見からだとは思いますが——告白しておきます。芸術家は，普遍的な言語のような美学に頼ることができるのでとても有利です。言語交流の欠点はおよそ2千年前にプラトンによって明確に認識されました。ソクラテスの審理を記述している『パイドン』訳注7)のなかで，プラトンは次のように指摘しています。ソクラテスやパイドロス訳注8)が非常に正確に間違いなく話すことができるという事実にもかかわらず，彼らが実際にははなはだ曖昧な用語を使っているとはなんと不利なことでしょうと。私たちが二千年たってその点で大きな前進があったとは，私には見えません。

　心や性格と言われるものが存在すると想定するなら，何の歪みもなくそれを言語化できる方法があるのでしょうか。数学者は「量子仲介訳注9)」

訳注6) Winston Leonard Spencer Churchill（1874-1965）：イギリスの政治家。第二次世界大戦には，首相として卓抜な統率力を発揮し大戦を勝利に導き，一時期は国際政治の指導者的存在になりました。また，第二次世界大戦回顧録（全6巻）にも見られるように，文章，演説にも卓越した才能を示し，1953年にはノーベル文学賞を受賞しています。

訳注7) Phaedo：詳しくは「対話2」訳注3（p.47）を参照ください。

訳注8) Phaedrus（B.C. 400頃）：ギリシアのアッティカで生まれた哲学者で，ソクラテスの弟子です。プラトンとほぼ同世代の人で，一説にはプラトンと恋仲（同性）とのことです。また，プラトンは彼の名を取った『パイドロス』という対話篇も残しています。

訳注9) quantum intermediacy：原子，分子，素粒子，原子核などの運動やその性質を研究するのが量子力学ですが，それらの量子のなかには仲介的な役割を果たすものがあります。それと同様に心もそれを映し出せる仲介物が必要ですが，その性質は未知の部分が多いことをビオンは言いたいようです。

について語ります。それは，中間にある未知のものです。私たちは，さまざまな要素が投影されるある種のスクリーンを想像できましょう。たとえばピカソは，どちらの側からも見れるようにガラス板の上に絵を描いています。私のやり方でこの種のことを指摘しましょう。一方からそれを見ると，精神身体的愁訴です。今度は向きをぐるりと変えると，それは身体精神病的です。これは同じ手法です。ただ，あなたの見るものはあなたの見方次第，つまりどのポジション，どの視点から——どちらの用語を好もうと——見るのか次第なのです。けれども，いったい人はどの方向からある特性を見るのでしょうか。この問題は分析の実践においてや個々のアナリストによる以外に，解決されるべき方法があるのか私にはわかりません。物事をどう見るのか，あるいは物事をどこから見るのかを，誰かがあなたに言おうとしても無駄なのです。あなた以外の誰も決してわからないでしょう。

　空想，つまり私たち自身の思考の幼児期のものへ逃避しましょう。私はある状況を想像することができます。その状況においては，臨月間近の胎児は，気体環境に移る前に，換言すれば生まれる前にですが，羊水の環境においてはなはだ不快な振動に気づきます。私には，何か障害が進行していると想像できます。つまり親の不仲やその種のことですが。さらに私は想像します。母親と父親の間に大きな雑音が起きると。あるいは母親の内部の消化器系統からさえ大きな雑音があると。この胎児はまた，やがて性格ないしはパーソナリティになるものの圧力に気づき，恐怖や憎しみやその種の荒けずりな情緒に気づくとしたらどうでしょう。その後，胎児はごく早期の段階で，これら揺さぶりをかけてくる感情や観念のひな型，感情のひな型に万能的に敵意を向け，それらをスプリットし，破壊し，断片化し，排出しようとするかもしれません。この中間休止が起こり，乳児は誕生という外傷やさらに気体環境に適応しなければならないという外傷にさらされるとしたらどうでしょう。私は次のことが想像できます。つまり，

胎児は最初から自分のパーソナリティを取り除こうとするほど，早熟で時期尚早なのです。そして誕生後，――その用語が正しければ依然としてとても「知的」なのですが――胎児は，人々が意識的に使うあらゆる語句を学ぶことができるのです。私が心に思い描くまさに厳しくて押しつけがましいひとつの状況においては，人は正しいことと誤まっていることの区別を十分に学びます。マクノートン・ルール訳注10)（狂人の犯罪責任能力に関する政府決定）は，なんにしろやっかいではありません。しかし，狂人に関するかぎり，彼はもっと深いレベルで心を失わないでいるのかもしれず，彼はそのルールに関しては何も知らないけれども，十分に確立された罪悪感を持っているかもしれないのです。私は，赤ちゃんの次の様子を見て目を見張ってしまいました。つまり，あなたがたが赤ちゃんにかすかにでも受け入れていない調子（口調）を表わすと，赤ちゃんはほとんど耐えがたい非難を受けたかのようにたじろぎます。赤ちゃんは十分確立された一種の「良心」を持っているのでしょうか。それをどう名づけたら良いのでしょうか。私は，自分個人のために「副視床恐怖」のような用語を作り出しました。その意図は，より高次の心のレベルによってその恐怖への吟味がまったくなされないときに，人が抱く種類の恐怖だということです。患者によっては，実際にとてつもないほどの恐怖の感情にさらされます。私が覚えている人は，まったくもってはっきりと言葉で表現し，彼をかなりうまく分析していると私に思わせるほど，実際はっきりと話しました。事実，分析は極めてうまく進みました。けれども，私は何も起こってはいないと考え始めていました。しかしながら，患者はそのすべてをやめてしまいました。あるセッションの後，彼は家に帰り，自分の部屋の隙間すべてを徹

訳注10）M'Naghten Rules：1843年にイギリス貴族院が示した刑事責任能力の判断基準のひとつ。精神異常という理由で被告を弁護する場合，犯行時にその犯罪行為の性質を認識できなかったか，正誤の判断ができなかったかを明確に立証できなければならないというものです。

底的にふさぎ，ガス栓をひねって死にました。ですから，分析は私にはまったくうまく進んでいたのですが，結果はまさに心を打ち砕くものでした。まさに何が失敗だったのか，私自身が見つけだし，知ることはまったくできませんでした。ただ，疑いもなくその分析が失敗していたという事実を除いては。

　私たちは，実際のところ，いつもある種の精神身体状態を取り扱っているのだと考えたらどうでしょうか。とてもはっきりと明確に話す人に，とても明確な言葉で語りかけることは適切なことなのでしょうか。激しい恐怖や自己嫌悪の感情が，ある心の状態にまで浸透し，そこでそれらの感情が行動に翻訳されるということは可能なのでしょうか。その逆も真実なのでしょうか。精神病が理解できるような方法で，体に語りかけることができるのでしょうか。またその逆も可能なのでしょうか。

　このことに関してはまず私たち自身の印象を明確な形にし，その後自分たちの印象を世間の風に当てた方が役に立ちましょう。サイコアナリストが見れるものを，見きれない世界もあることを認識しているのは大切です。けれども，分析を求めて来る人たちのなかには，他の世界では見れないことを私たちが見ているんだということを理解できる人もいるかもしれませんが。私たちは，未知を探究しています。そして，私たちの弱々しい精神性や弱々しくあやうい合理的思考能力の手中にあるふるまいに合わせているため，私たちはその無知をありがたくは受け止めきれないことでしょうが。私たちは，あまりにかすかなのでほとんど感知できないほどですが，しかしとてもリアルなのでそれを意識しなかったら私たちをほとんど破壊してしまいそうなものを扱っているのです。**そこが，私たちが突き入っていかねばならない領域なのです。**

思わしくない仕事に
最善を尽くすこと
1979

　ふたつのパーソナリティが出会うときに，そこに情緒の嵐が生まれます。お互い気づくほど接触するなら，あるいはお互い気づかないほど接触しても，その二人の結合によってある情緒状態が生み出されます。その結果として生じる動揺は，二人がまったく出会わなかった事態に比べて，前進したものとはまずもってはみなされそうもありません。けれども，二人は出会ったのですから，そしてこの情緒の嵐は起こったのですから，その嵐の当事者二人は「思わしくない仕事に最善を尽くす」よう決心することなのでしょう。

　分析においては，患者は相談室にきて，彼が会話と思うものに携わり，そこから何かの形で利益をえることを願ってアナリストと接触するようになります。同様に，おそらくアナリストもその二人の当事者になんらかの利益が生じることを期待します。患者かアナリストが何かを言います。奇妙なことに，このことはある効果を及ぼします。つまり，それは二人の関係をかき乱します。また，何も語られなくても，二人が黙ったままだったとしても，このことはあてはまります。私はたしかに黙ったままのときがあります。そして，何かを見たり，気づいたり，観察することを望み，その後それを解釈しようと試みます。できることなら，たいてい私は患者に主導権を渡します。黙ったままでいたり，あるいは一言口を挟んだり，あるいは「おはよう」ないしは「こんばんは」と言うことでさえ，結果として私には情緒の嵐と思えるものを引き起こします。その情緒の嵐が何なの

か即座にはわかりません。しかし，問題なのは，それにいかに手を尽くし，いかにその逆境を——私はその嵐のときをそう呼びたいのですが——転じて福となすかです。患者はどうしてもそうしなければいけないわけではありません。患者は，それを福となす意志がないかもしれませんし，できないかもしれないのです。彼の意図はまったく違っているかもしれません。私はひとつの経験を思い出します。患者は，彼の心の状態，つまり私が従いたくない心の状態に私が従ってほしいと念じていました。彼は，私に強い情緒が生じるのが不安でした。そうなれば私は怒りや欲求不満や失望を感じ，きちんと考えることができなくなるからです。ですから私は，善人に「見えること」ないしは穏やかなままに「見えること」と，きちんと考えることとの間で選択しなければなりませんでした。けれども，ある役割を演じることは誠実であることと矛盾します。そのような状況において，アナリストはある心の状態，それは実際には一種のインスピレーションであり，アナリストの考えでは患者の現在の心の状態に有益で，前進をもたらすものですが，その心の状態を生み出そうと企てます。患者はその干渉をひどく嫌うことがあります。そのしっぺ返しによって，アナリストのなかに激しい感情が生じ，アナリストはきちんと考えられなくなるのです。

　戦争においては，敵の目的はあなたがたをひどく恐がらせてきちんと考えられなくすることです。一方あなたがたの目的は，その状況がどんなに逆境で恐ろしいものであろうとも，きちんと考え続けることです。その考え方の基底にあるのは，明確な思考は「現実」に気づくことや何が本当なのかを適切に判断するのに，より助けになるということです。けれども，現実に気づくことは不快なものに気づくことを含んでいるでしょう。というのは，現実は必ずしもここちよかったりよろこばしいとは限らないからです。これは，人であれものであれ，科学的探究すべてに共通します。私たちは私たちの世界が自分たちの幸せな繁栄の助けにならないという痛みの感情に必ずさらされるような種類の思考や文化やつかの間でさえある文

思わしくない仕事に最善を尽くすこと　137

化という宇宙のなかに存在しているのです。私たちが存在している宇宙のもろもろの事実にあえて気づこうとすることは，勇気と呼ばれます。この宇宙はここちよくなく，それで，私たちはその世界から逃れたい気になるかもしれません。私たちがそれから逃れられないのなら，あるいは私たちの筋肉が何かの理由で働いていないのなら，あるいは筋肉が逃げだしたり，撤退するのに適していないのなら，私たちは他の形の逃避に無理して縮小します。たとえば，眠りについたり，私たちが意識したくない宇宙に気づかなくしたり，無視したり，理想化したりです。「逃避」は本質的な癒しです。それは基本的です。乳児は自分の無力さに気づきたくないので，理想化したり無視します（私は，「無視する」を「無知」に至るのに不可欠なプロセスとして使っています）。乳児はまた，万能さに頼ります。このように万能と無力は分かちがたく関連します。その性向からは，父や母という人間，あるいは神や女神において万能さが具体的に表わされます。時に，外見の良さのような肉体的な資質によって，それが比較的容易になされる場合があります。ホメロスによって知られているように，トロイアのヘレネ^{訳注1）}は彼女の美しさによって大きな力を動員できました。——「これが，千の船を送り出し，頂上の見えないほど高いイリウムの塔を燃やした顔なのか」。同様のことはパリス^{訳注2）}やガニュメデス^{訳注3）}ほど幸運な男性にも当てはまります。万能となる彼らの能力は，彼らの肉体的遺産，つまり肉体的資本によってずっとたやすくなりました。体は，心の不

訳注1）Helen：ギリシア神話のなかのスパルタ王メネラオス王の妻で絶世の美女です。神話ではトロイアのパリスに連れ去られたことからトロイア戦争が起こりました。

訳注2）Paris：ギリシア神話のなかのトロイア王プリアモスの子です。ヘレネを奪ったことからトロイア戦争の原因を作りました。
　なお，ホメロスの『イリアス』の中にもヘレネとパリスの話が出てきます。ビオンはそちらから引用しているようです。

訳注3）Ganymede：ギリシア神話のなかのゼウスのために酒の酌をしたトロイアの美少年です。

快さを除くために使われるのです。お返しに，心は体の不快さを除くために使われるのです。心の「機能」は，私が手短かに概要を述べた偽りの解決を正すために使われうるというのが精神分析の基本仮説です。けれども，ぼろかくしの力がたりないときがあります。そのような人がしがちな解決法は，実際のところ存在のさらなる危急事態に対処できるほど強くも丈夫でもありません。たとえば，ある兵士が身体的外見のよさのおかげで権力を与えられるならば，戦争をするという事実は，抱えきれるはずのないぼろかくしの美に重荷を背負わせるかもしれません。

私は，存在，つまり存在する能力と価値ある存在であろうとする熱望，つまり存在の質であり，量ではないもの，すなわち人生の長さではなくて，人生の質を区別しようと思います。量に対して質の重さを計れるはかりはありません。ですが，存在は存在の**本質**と照らし合わされるべきです。患者がアナリストと同様にじっとして存在しているという事実は適切ではありません。それが不適切なのは，同時に同じ部屋にいる二人の人，つまりアナリストとアナライザンドの存在をもたらした欲動と不可分です。

私はこの論文が科学的であると主張しますが，しかし，この論文がそのように類別されるほどのものだとあなたがたが同意するだろうとは思いません。というのは，私は一片の事実の裏づけもない一連の主張を続けているだろうからです。それはこういうことです。つまり，サイコアナリストが観察する自己には，——アナリストも同じ特性を持っているのですが——胎生学者によって副腎皮質や副腎髄質と呼ばれるような成長していく物体があります。こういった名前は，これらの組織がとるあるパターンがさまざまな日時にいろいろな個体のなかで観察されるやすぐに名づけられます。やがてそれらの組織は機能的になり，攻撃性とか闘争性や逃避性に関係する化学物質を生産します。副腎が闘争性や逃避性を誘発するのではなくて，「主導力」を刺激すると述べることによって，厳密さを少なくし，あらゆる先導的要素を排除しようと思います。私が使う闘争，逃避，先導

という用語は，観察される対象が心を持つならば適切でしょう。私の知性や知識がたらないために現われてくる前進への困難さや妨害を克服するために，私はいわゆる**事実**というものに対比して想像的推測を頼みにしましょう。この想像的推測のまずもっとも当面のこととして，副腎本体は考えませんが，周辺の組織は生理的に発達し，それで私たちが考えることや感じることとして知っているある機能を果たすという生理的予測へと発達するということです。胚子（あるいはその眼窩，耳窩，副腎）は，考えないし，見ないし，聞こえないし，闘わないし，逃げもしません。しかし身体は，考えたり，見たり，聞いたり，逃げたりなどの機能を果たす装置を備えていくにちがいないという**見込みのもと**で発達します。私がわかっていないために，そして短い存在の間には私には必要な知性をとても持てそうもないために，私自身の予見が，いずれ現実になりそうなこれらの推測について直接，間接に伝染的に伝達されていく場合を考えて，知性に対するこのような暗中模索を仲間に伝えたく思います。

　ここまでのところ私は，次のような身体についてのみ討議してきています。つまり，やがて認められるようになるような，しかし「心」と呼ばれるある特定機能のために働くのにかなった身体装置をすでに備えているいろいろな機能，それをあたかも見込んでいるかのような身体についてです。こういうものを私は「身体的見込み」と名づけます。それは，後には心の**機能的**な働きを可能にする肉体的見込みなのです。私は，身体上のことを述べるために心理学を借用しています。後には，私は，心理的なことを述べるために身体的なことを借用します。

　さて，自己の内部でのコミュニケーションの問題に取りかかります（私は，「体」や「心」を包含する用語が好きではありません。ですから，いわゆる体や心，そしてそこでさらにいろいろな観念が発達するかもしれない「心的空間」を含む「自己」を使用します。この接近法を哲学的に述べれば，一元論です）。私たちが精神分析に携わる場合，そこにおいては観

察が非常に重要な役割を果たさねばならないのですが，——それは，科学的探求において常に認識されてきましたように——私たちは，自分たちの観察をあまりに狭い領域に限定すべきではありません。では私たちは何を観察しているのでしょうか。私が知る限りもっとも良い答えは，ミルトンの『失楽園』第三巻の序に明確に表現されています。

> 汝それほどにも神々しい光はむしろ心のなかで輝き，心はその光の力すべてによって明るくなり，植物は凝視し，霧はそれゆえすべて晴れ，霧散するので，私は死んだ目には見えないものを見て見分けるかもしれない。

　患者が相談室に入ってくるとき，アナリストはその人間全体に向けて感受性が高い必要があります。たとえばそれによって，血液系の身体徴候として顔に赤みがあるのを見つけることができます。同様に，音声筋組織の働きの一部としてその人が発する言葉を聞くこともできます。——私は，特に随意筋の活動を強調しているわけでもなく，また，声帯や発声装置によって作り出される音を強調しているわけでもなく，むしろ**全体**を強調しているのです。ダン^{訳注4）}は『二年目の記念日』のなかで次のように書きました。

> 彼女の純粋で雄弁な血は彼女のほっぺたのなかでしゃべり，とてもはっきり働いたので，彼女の体が考えたとほぼ言えましょう。

　あるいは，別の言い方をすれば，アナリストは言葉ばかりではなく音楽

訳注4）John Donne（1572?-1631）：イギリスの詩人，神学者。セントポール大聖堂の主任司祭を務めました。男性的で，大胆放埒な表現に富む恋愛詩が有名で，T.S. エリオットにも大きな影響を与えました。

も耳にできることが必要です。それによってアナリストは，紙上の黒い記号に簡単には変えられない見解を聞くことができますし，そして，その見解が皮肉った調子で言われるのか，愛情ないしは理解をもって言われるのか，あるいは経験豊かな権威ある人によって言われるのかで，違った意味になる見解を聞くことができるのです。たとえそれぞれの例において同じ言葉で言われたとしてもです。たとえばトーマス・モア卿[訳注5]がそうしたように，理想世界，ユートピアの言葉で考えることが可能かもしれません。しかも彼の本を読みたい人たちが理解できる言葉でそれを書くことも可能かもしれません。分析セッションにおいては，権威ある人，つまり権力を行使することが日課であるアナライザンドによって言葉が語られる場合には，違ったものになります。**彼**が理想国家について何か話す場合，彼が言うに違いないことは，そんな権力も権威もない人によって同じ言葉が語られるのと違ってくるでしょう。

　私が述べていることは，痛ましいほど明らかなのかもしれません。そう述べることが正当な理由は，明らかであることがとても多くの場合観察されないので，いわばそれが**相違である**ということなのです。ですから私は，こうした明白な事実は述べる価値があると思うのです。さもなければそれらは，あらゆる種類の科学的進歩が依拠する検索の対象にならないでしょう。私がこの文脈のなかで「科学的」という場合，現実化の過程を言っているのです。それは同様の概念のもう一方の「極」にある過程，すなわち理想化と対比されるものです。理想化というのは，私たちが人や物の知覚を理想化することによって変えなければ，世界や物事や人が望ましくないという感情です。現実化は，私たちが自分たちの主張を通して提示する理

訳注5）Thomas More（1478-1535）：イギリスの政治家，人文主義者。ヘンリ8世の教会改革や離婚，再婚問題に対して，カトリックとしての信念を変えずに反対し，処刑されました。後にカトリック教会により，聖者の列に加えられました。代表作『ユートピア』では想像上の理想国家を描き，ヒューマニズム精神をいかんなく発揮しています。

想像が不適切であると感じるときに，同様のことをすることです。ですから私たちは，自己と自己のコミュニケーションの方法が何であるのかよく考えなくてはなりません。

　中枢神経系，副交感神経，末梢神経装置の研究に多くの力がそそがれました。けれども私たちは，あるとしたらですが，腺系による思考のコミュニケーションや思考の予知での役割を考えてきませんでした。肺結核はいわば下肢のリンパ管とコミュニケートされているので，おそらく同様に，私たちが大脳領と関連づけるのに馴染んでいる思考は，交感神経や副交感神経にコミュニケートされるし，またその逆もありえましょう。そのような推測は，患者が恐ろしいとかとても不安であると語るにもかかわらず，どうしてなのかまったくもって何も思い浮かばない奇妙な事態の説明をしてくれます。私たちは，解釈の目的で自由連想を使うことに馴染んでいます。私はまた，それらのコミュニケーションが大脳領に到達したり，意識的で合理的思考とみなされている領域に到達する前に，こういったコミュニケーションを使ったり，傍受したりできるのでしょうか。私が「想像的推測」と名づけたものは，これらすべてのなかでなにか役割を果たすのでしょうか。「合理的推測」も追加しましょう。すなわち，理にかなった活動や合理性を持つ活動に関係しているような推測です。私たちが眠りにつき，「眠れない夜」と記述されるものを経験しているときに，ベッドで寝返りをうつなかでコミュニケートする思考とその種の思考を比較してください。あるいはカタルや鼻炎を患っていることについて話す患者とその種の思考を比較してください。解剖学者は脳の一部を「嗅脳」と呼びます。彼らはまるで鼻－脳というようなものがあるかのように考えます。嗅覚は水様の流動体のなかでは遠距離レセプターであると，胎生学者や生理学者から聞いて私は知っています。サメやサバはその長距離レセプターのモデルです。けれども人間は，細胞内流動体を誕生後に液体ではなくて気体の世界に持ち込まねばなりません。水様の流動体は資産ではなくて，むしろ

負債になってしまいます。人は，鼻炎や息苦しさを訴えます。あるいは，患者は涙が流れるのを止めることができないと訴えるでしょう。これは，用途のある流動体のもうひとつの分泌です。それは，眼球を洗浄し，ほこりや汚れを洗い流すことができます。でも，度を超すと，涙で患者の目を見えなくしてしまいます。

単調になってしまうことを覚悟しつつ，もう一方では主題を変えてしまいそうに見える危険を覚悟しつつ，今まで語ってきたことの本質を繰り返してみます。眠っている状態を，目覚めているときには通常成し遂げることはない行動を実行したり，景色を見たり，場所を訪れたりするある特別な心の状態にあることとみなしてみましょう。けれども，私たちが目覚めているときに実行する，夢のなごりの行動もあるにはあるのですが。つまり，人々は行くことをいつも「夢見ていた」ところに行ってきますと，比喩的に言います。私たちが眠っているとき（S-状態）の心の状態から目覚めているとき（W-状態）の心の状態への変化は，液体から気体への変化や誕生前の状態から誕生後への変化を想わせます。私たちはW-状態に好都合な偏見を抱いています。つまり，人々は夢を見たことについてためらいもなく語りますが，だからたいていそれは起こらなかったことを意味しているのです。ですが，それは随意筋組織を好む人の偏見，つまり随意筋を使って出掛けたのでないのなら，行った場所に重要性を認めない人の偏見です。睡眠時に私たちが訪れる場所や私たちが見る景色や私たちが聞く物語や利用できる情報について，もしそれらを目覚めている状態に移せないのなら，私たちは耳を傾けようとしません。

S-状態に対するW-状態の優位性を誰があるいは何が決めるのでしょうか。私の質問はばかげてみえることでしょう。けれども，それを形式や言い方を変えることによって大げさに言ってみましょう。すなわちハンナ・スィーガルが報告[訳注6]したように，バイオリンを弾いているその人はまさに公衆のなかでマスターベーションしているとみんなが思っている，と

語る人の心の状態は誰によってあるいは何によって決定されるのでしょうか。それはひとつの見解です。明確なものです。その表現には疑わしさはそれほどありません。私たちはなぜ次のことを当然のこととして考えるのでしょうか。すなわち，ブラームスのバイオリン協奏曲のソロパートをある人が演奏しており，そしてその見解は正しいものであると。そして，ソリストが公衆のなかで実はマスターベーションしているということを知っている人の見解より優れたものである，ということをです。その視点から，精神病患者は「正気」側からの見解に反対する際に，ひとつの主張を掲げることができるのでしょうか。精神病患者は次のように言えるのでしょうか。「かわいそうな奴。奴はブラームスのバイオリン協奏曲だと思っている。典型的な正気の見方だ。もちろん全く間違っている，でも奴は不幸なことに正気なんだ」。W-状態と睡眠時の私たちのふるまいについての話は，すっかり目を覚ましているときに表現されることなのですと言えば，この点はもっと曖昧になります。覚醒している人が語る話の説明が，実際の出来事を事実に基づいて述べたものであるとしたなら，その出来事をまったく素朴にそのまま説明するより別の意味をあらわにするために解釈に価すると考えるサイコアナリストは一体どうしたのでしょうか。結局のところ，人が眠っているときに起こった出来事はどこかまずいのでしょうか。それはどんな点で，不正確な観点なのでしょうか。どんな風にして私たちはその尺度に賛成票を投じたら良いのでしょうか。W-状態に関してですが，私たちは睡眠時の経験をいつ覚醒での作業に委ねるのでしょうか。あるいは精神分析理論に従ってみると，日中の出来事や意識的思索を夢の作業のプロセスによる他の思索形態へ変換することに関してはどうでしょうか。

訳注6）この症例は，1957年のスィーガルの論文「象徴形成について」（松木邦裕訳：『クライン派の臨床』岩崎学術出版社）のなかで報告されています。スィーガルは，その論文で象徴等価物（symbolic equation）の概念を提出し，精神分裂病者のような場合には，具体思考により象徴化機能が働かず，バイオリンが男性性器そのものと感じられると論じています。

換言すれば，睡眠時の出来事や行った場所や見た光景を覚醒している人の言語に変換するために，覚醒での作業が行うプロセスについてはどうでしょうか。バイオリニストが公衆のなかでマスターベーションをしていると見る人の心の状態を，それがブラームスのバイオリン協奏曲だと考える人々の言葉に変換するにはどんな作業が必要なのでしょうか。その作業を「治療」行為と本当に呼んでよいのでしょうか。それがブラームスのバイオリン協奏曲だと考える人の心の状態を，公衆のなかでマスターベーションしていると考える人の心の状態に変換しようとする作業は，どんなものもきっと治療とはみなされないでしょう。つまり，おおよそ多数投票は，分析体験の結果その人が人格を崩し，不幸な目にあったという観点に賛成しましょう。

　S-状態がW-状態と同様に尊重に値するとみなすなら——調停は公明正大にですが——，その場合人が行った場所や見たり経験したものは，等しく妥当な価値があるとみなさなければなりません。フロイトが多くの先駆者と同様に，夢を尊重する価値があるとみなしているとき，このことを言外に含ませているのです。ですから私たちに言えるのは，覚醒での作業は，夢作業と同様に尊重する価値があるとみなすべきだということです。けれども，覚醒しており，意識的で，論理的である心の状態は，なぜ「正気の自分」と，みなされるのでしょうか。半分正気なだけだったらどうなのでしょうか。あなたがりんごのなかにウジを見つけたらどんなにおぞましいことでしょう。あなたがりんごのなかにウジを半分見つけたらそこまではおぞましくはないでしょう。ですから，私たちがただ半分正気なだけというのは，とても不安を招く発見であるということがおわかりになりましょう。そういうわけで，私たちはすべて正気の自分なのか，単に半分正気なだけで，覚醒し，意識的で，合理的で，論理的な自分に戻っているだけなのか，意見の分かれるところです。多数派や広く流布した文化や社会的で市民的で支配的な風習によって一般に受け入れられているようなその種の

算術のみが妥当であるとみなされます。

　私たちが，両方の心の状態，あるいはそれが何であれ多くの心の状態を等しく尊重してみるなら，どの心の状態を解釈，言語行為のために選ぶでしょうか。それは毎日出くわす問題です。今日の私たちの文化においては，熱狂的な反応，つまり衝動と行動の間の防壁を即座に捨てることや，何のためらいもなく衝動をただちに行動に変えることは正しいとは考えられません。同様に，あまりにぐずぐず考えてしまって，行動がまったく起こらなかったり，考えることが行動の代用品になるほど思考を引き伸ばしてしまうのも間違っているとみなされます。実際に即座の行動が求められる場合には，熱狂的な反応，つまり思考の介在なしにただちに衝動を行動に駆り立てそうです。フロイトは心的機能の二原則を記述しました。私は，生きることの三原則を提案します。まず第一に感じること，次に先を見越して考えること，三番目に感じることプラス考えることプラス考えること[訳注7]。後者は，先を見越した慎重さないしは先見の明→行動と同義です。

　人では筋肉活動が盛んです。目覚めたとき，人は眠れない夜を過ごしたといいます。彼はどこに行ったのでしょうか。何を見たのでしょうか。誰だったのでしょうか。何をしたのでしょうか。W-状態が勝り，優位性を与えられるべきでしょうか。人はたくさんの身体活動に関係する心の状態を尊重すべきでしょうか。確かなことは，患者が経験したその身体活動は，患者か彼のアナリストがそれを認識しようとしまいと紛れもないことなのです。すなわち患者は自分が疲れていることを渋々認めるものです。

　この問題は投影によってもっと容易に接近できるでしょう。私たちめいめい個人においてではなく，それを国家の問題とみなすことによって考察してみましょう。その場合私たちは，その由来や原因や情緒的な嵐の中心を共同体のなかに位置づけることができるでしょうか。私の経験では，そ

　訳注7）原文では，最後の「考えること」は大文字のThinkingとなっており，前の小文字の「考えること（thinking）」と区別してあります。

れは常に，自分の自己を直接，間接に伝染させれる思索的で感じやすい人が引き起こし，関係し，中心になっています。きわだった例を挙げると，シェークスピアです。英語はそれ以来変わってしまったと言われます。なぜ私たちが科学論文を聞きに行くのかを私は尋ねましょう。あなたがたが人やその行動様式に注目したいのなら，シェークスピア劇を選びますか，あるいは私のいわゆる「科学」論文に向かいますか。私にはその問題の解答を公言する必要は特にないので，そのような質問を押しつけて，あなたがたや私自身を当惑させるつもりはありません。しかしながら，その問題にはシェークスピア以前，あるいは実際のところ現代英語の存在以前に，幾時代にもわたる長い歴史があります。それはアリウス派^{訳注8）}の人たちを扇動したようです。もっとも彼らの主な関心は，物欲的生き方や征服の問題でしたが。人類史のごく早期からでさえ，リグ・ヴェーダ^{訳注9）}のような記録があり，いわゆる今日の「思索についての哲学」を発達させるニードがあったようだと言うことで，その問題を過度に単純化してしまっているとは思いません。ですが，リグ・ヴェーダや他のヴェーダーンタ（古代ヒンズー経典）の古代の叡知に関する哲学論議は，プラトンやソクラテスの時代のギリシア哲学がそうであったように，敵意で腐敗させられたのです。

　　ソクラテス：助産術という私の技術は一般的にそれらと似ている。ただ違うのは，私の患者が男性で女性ではないということだ。そして，私が関心を抱いているのは，体ではなく，生みの苦しみにある心ということだ。そして，私の技術のもっとも高度な点

訳注8）Arians：アレキサンドリア教会の長老アリウスによって創始された信仰の一派です。神だけが神であり，子は神の意志によって作られた存在であるとして，キリストの神性を否定しました。一時期正統派に対抗する勢力がありました。

訳注9）Rig Veda：紀元前1200-1000年頃作られたと考えられるインド最古の文献で，神々への賛歌を収録したバラモン教の根本聖典です。

は，青年の思考の産物が誤った幻影なのか，生と真実に関わる本能なのか，あらゆる吟味をして証明する能力にある。これまでのところ私は，自分自身には叡知を生み出すことができない産婆のようだ。共通の非難として，次のことが真実だ。つまり，私は他人には質問することができるけど，自分自身には何も明るみに出すことはできない。というのは，私のなかには叡知はないからだというものだ。[プラトン，『対話篇——テアイテトス』 訳注10)]

ギリシア哲学は，当局によってひどく恐れられ嫌われ，ユスティニアヌス皇帝は，哲学学校を閉鎖しました。しかし，皇帝はあまりに遅すぎたのでした。哲学的思索の芽はバビロニアのエデッサに逃れ，そして再度禁止されました。けれどもその後，ギリシア語の使用によってキリスト教が伝播したおかげで，哲学者の言葉が，キリスト教研究の付随的な派生物として再度研究されはじめました。簡潔に述べますと，ビザンチン帝国やコンスタンチノープルの崩壊まで，それはビザンティウムのなかにまたも閉じこめられました。その後，これらの失われた叡知は解放され，ルネッサンスとして知られている毒を含んだ情緒の混乱を突然生み出したのです。叡知はその道筋を変え，その後予期せぬ場所で再び現れることで，生き残る能力を持っているように見受けられます。

戻ってこいオルフェウス，恐ろしい声は過去のことだ，それで汝の小川は縮み上がった，戻ってこいシチリアのミューズ神……[ミルトン，『リシダス』 訳注11)]

訳注10) Theaetetus：プラトンの「対話篇」といわれる作品のひとつ。そのなかでさまざまな知識に関する性質や定義が論じられます。この引用は，ソクラテスが自分を産婆にたとえ，他人の思想を生まれさせる人間と見立てた有名な一節です。

ガレノス[訳注12]は観察の正当性を確立し，そして（今日フロイトがそうであるように）権威を持ち，尊敬されました。そして探求を禁止する大家になりました。こうして解剖学は，人間の体を調べて研究しなくなりました。ですが，レオナルド・ダ・ヴィンチやラファエル[訳注13]やルーベンス[訳注14]が体を研究しました。やがて，芸術家たちのこの出現の結果として，解剖学者もまた再び死体を観察し，生理学者たちは心を研究し始めました。

　サイコアナリストは生きている心を研究するつもりでしょうか。あるいはフロイトの引用は人々を研究する抑止力[訳注15]，バリヤーとして使われるのでしょうか。革命家は，尊敬されるようになります——それは革命に対抗するバリヤーになるのです。精密な思索という手段を発芽させたり，「予期」することによって人の動物性を侵害するのは，既成の感情から怨まれます。この戦争はまだ終わっていないのです。

　訳注11）Lycidas：ミルトンの1637年の詩。エドワード王がアイルランドに渡る航海の途上，遭難溺死したのを悼んだ牧歌調の哀悼詩です。
　訳注12）Galen（130-200）：古代ギリシアの有名な医師。マルクス・アウレリウス帝の侍医となり，ローマに住みました。ヒポクラテスの影響を大きく受け，医学論文も多数残存しています。
　訳注13）Raffaello Sanzio Raphael（1483-1520）：ルネサンスの画家で建築家。レオナルド・ダ・ヴィンチやミケランジェロとともに，ルネサンス最盛期の古典的芸術を完成させた天才の一人です。
　訳注14）Peter Paul Rubens（1577-1640）：17世紀バロック時代のもっとも代表的な画家。神話や聖書物語，歴史物語，肖像画とあらゆる分野に豪壮華麗な作風を展開しました。
　訳注15）原文はdeterrantとなっていますがdeterrentの誤植として訳します。

訳者あとがき

　本書は，1994年にロンドンのカーナック・ブックスから出版された三部構成の著書 "Clinical Seminars and Other Works" のなかから，"Four Discussions" と "Four Papers" の2部を取り出して訳出したものです（残りの "Clinical Seminars" もいずれ祖父江により訳出予定です）。なお，その概略に関しましては，松木邦裕先生による巻頭の「『ビオンとの対話――そして，最後の四つの論文』への招待」のなかですでに解説されていますので，ここでは繰り返しません。

　さて，私は，この書の存在を松木邦裕先生から初めて教えていただき，少しずつ読み進むに連れ，その魅力に取りつかれていきました。と言いますのは，従来ビオンと言えば，哲学的，あるいは観念的な思索を他者を寄せつけないような難解な文章で語っているアナリストという印象だったのですが，この書のなかで出会ったビオンは，それとはまったく違った顔を持った人だったからです。この書でのビオンは，ビオンという人間（ビオンの言葉「ものそれ自体」をもじって言えば，「ビオンそれ自体」）がにじみ出ているように，私には思えました。

　そもそも従来からのクライニアンに対する一部批判として，クライニアンは教条的だとか独善的だとか，あるいはいきなり土足で深層解釈をするような学派だという指摘があります。この書は，そのような誤解や偏見を正してくれる格好の生きた手引きとなってくれることでしょう。それといいますのも，ビオンがこの書で強調していることのひとつが，アナリストは独善や教条に陥ってはならないということだからです。

　米国西海岸のアナリスト，グロットスタイン，J. はビオンとの興味深いエピソードを語っています。氏がビオンのスーパービジョンを受けていたとき，あなたはクライニアンですかとビオンに尋ねました。ビオンは即座

に「とんでもない，クラインがクライニアンでなかったのと同じように，私もクライニアンではありません」と答えたといいます。この返答からグロットスタインは，いったんクライニアンやフロイディアンのレッテルが貼られたら，もはや精神分析ではないと，ビオンは言いたいのだろうと悟ったとのことです。ビオンにとって，ドグマや権威は突き破らねばならない「中間休止」なのです。それは，真実を覆うバリヤーとなるからです。

有名な「記憶なく，欲望なく，理解なく」という箴言も，虚心に患者の話を聞こうとするビオンの姿勢をよく表わしています。ビオンのいうように，「昨日と同じ患者」「昨日と同じ話」はひとつもないからです。もっとも，この発言がなされた当初は，国際精神分析学会における著名なアナリストたちからさえも，ビオンはばかげたことを言っていると受け取られたそうです。ビオンの先見性は，時代をはるかに越えていたのです。

そしてまた，直観的なこの先見性こそビオンのもうひとつの特徴でしょう。ビオン自身が，「対話」に出てくるベトナムやカンボジアの偵察兵のように一般人には見えない危険を察知したり，あるいは「フロイトからの引用」中のツノザメやサバのようにはるか遠くの匂いを嗅ぎつける長距離知覚を持っているかのようです。本書を通して，ひらめきと直感に満ちたビオンの姿を読者は発見されることでしょう。

このように，本書はビオンの人となりをそのまま映し出している鏡のようです。読者がそこに映った像をどう見るかは，ちょうどピカソのガラス板に描かれた絵のように，どのポイント，どの方向から見るかという読者の見方次第です。しかし同時に，どのポイントから見ても変わらず認識されるビオンの姿があります。それが先に述べた，ドグマを排し，心の真実を真摯に探求しようとするストイックなビオンの姿ではないでしょうか。

ビオンにとっては，心の真実，究極の現実"O"を探求することこそ，もっとも意味のある心の営みであったようです。なぜなら，食物が体の栄養になるように，心の栄養になるのは「真実」だと，ビオンは考えたから

です。「母親の乳房の不在」という現実を，心の痛みとともに認識することこそ心の健康さの内実であると，ビオンは信じたのです。

　心の真実へのこの真摯さこそ，ビオンのもっとも際立った特徴ではないのでしょうか。「真実の求道者」——そんなメシアめいたネーミングをきっとビオンは好まないでしょうが，私にはそんなイメージが浮かんできます。

　では，ビオンが心の真実へそれほどこだわったのは，精神分析臨床の必要性だけからなのでしょうか。アナリストとしての必然だけからでしょうか。おそらくこの答えはどこかに用意されている類いのものではないでしょう。私たち自身がどう感じ，どう考えるか次第なのです。ビオンはスーパービジョンにおいてすら，答えはその患者と面接している治療者のなかにしか存在しないことを強調しています。

　ここにグロットスタインがもうひとつのエピソードを語っています。氏がビオンの解釈を一生懸命理解しようとしていたところ，ビオンは「私の言うことを理解しようとするのではなくて，私の『あと知恵』に対するあなた自身の心の反応を観察しなさい」と，氏をたしなめたとのことです。答えは，その患者と会っている治療者のなかにこそ見いだされるべきものなのです。

　先ほどの問いに戻りましょう。ビオンはアナリストとしての必然だけから心の真実を探求したのでしょうか。ビショップス・ストートフォード・カレッジ時代には，ラグビーのキャプテンを務め，水球の名選手としてならし，さらには第一次世界大戦では戦車隊に所属し数々の武勲をたて，そしてその後のスクール教師時代には，その雄牛のごとく剛健な体躯で生徒たちを仰天させた勇猛なビオンが，なぜ心にこだわる繊細さを持ち合わせねばならなかったのでしょうか。ここにひとつの「中間休止」があります。

　この謎には答えるべくもありませんが，本書のなかにはその糸口が至る

ところに鏤められているように思われます。ビオンは語ります。「私の解釈は，患者がどういう人間であるかということよりも，私がどういう人間であるかについて，ずっと多く彼に伝えるでしょう」。けだし名言です。そして，本書はビオンの語りによって，ビオン自身が語られたのです。それがこの書の最大の魅力のひとつではないでしょうか。

　本書には，ビオン自身がいろいろな姿で登場しています。それは幼児のビオンであったり，少し大人になったビオンであったり。ビオンという深淵をより深く読み解くために，ここで読者の皆様にビオン自身の人生の一端を示せたらと思います。それがあながち見当はずれでもないことを願いながら。

　ビオンは，父親の仕事の関係でインドのパンジャブ地方に生まれました。当時インドはイギリスの植民地で，父親は土木技師として働き，同時にパートタイムでインド議会の事務官の仕事もしていました。また，猛獣狩りを楽しむハンターでもありました。母親は，専業主婦で，パワフルな父親に比べ，やさしい普通の女性であったようです。

　8歳まで過ごしたこのインド体験が，ビオンの東洋的神秘性や思索の深みの原点となったことはよく論じられるところです。そのなかで私は，インドという気候や風土の意味をあらためて取り上げたいと思います。ビオンは「自伝」のなかで語ります。「激しい光，激しい暗やみ，その間にはなにもなく，黄昏はない。苛酷な日の光と沈黙。暗い夜と猛烈な喧騒」。そして突然スコールが襲い，突然静寂が訪れる予測のつかない苛酷な自然状況。この「予測のつかなさ」「不連続性」「断裂」「苛酷」というようなインドの自然環境を形容する言葉自体が，同時にビオンの心の原体験を形成していると考えたらどうなのでしょうか。それだからこそビオンは，その予測のつかない不可知さに，鋭敏な知覚を発達させ予測をつけようとし，それにネーミングして得体の知れない恐怖から逃れようとし，そして不可

訳者あとがき

知さのなかの真実を探求することによって生きる術を発見しようとしたのではないでしょうか。ビオンが心の真実を探求したのは，生きるための必然であったように私には思われます。

ビオンは，「突然」の「予期せぬ」人生の不幸に何度もさらされました。「カタストロフィック」な不安に何度も襲われているのです。最初に，インドという自然環境。そして次には母との関係です。ビオンは語ります。「母は少し脅かすところがあった」。ビオンが母親の膝の上に抱き上げられ，温かく快適で安全な気持ちに浸っていたときに，突然冷たく脅かすものを感じたというのです。温かい部屋に夜の冷たい一陣の風が突然吹き込むかのように。ビオンは母に対して予期できぬムードを感じていたのです。

その後の人生でも，ビオンはこのような予期できぬ原体験を何度も反復強迫するかのように繰り返しています。8歳でインドという故郷や両親から引き離され，イギリスのパブリック・スクールでの寄宿舎生活を送ったときの孤独さ。そして，第一次世界大戦時の輝かしい武勲の裏側にある死の恐怖の体験。スクール教師時代での苦い経験。つまり，男子生徒と友達のようにつき合っていたら，性的誘惑を受けているとして彼の母親からいきなり訴えられ，結局スクールを辞めざるをえなかったこと。また，婚約者からのいきなりの破談通知。その後，若き女優と結婚し，ようやく幸せをつかんだと思ったら，長女誕生という歓喜の3日後に受け取った妻死すの訃報。

このように人生の暗い深淵は，ビオンの足元にいきなり断裂を作り，その裂け目からカタストロフィックにビオンを突き落としたのです。だからこそ，ビオンはその不幸の痛みに耐え，現実から目をそらさないことを強調したのではないでしょうか。ビオンは身を持って痛みに耐えてきた人なのです。

そして，不幸に耐えるには不幸を「知ること」が必要でした。本書のなかに出てくる「パパ，あれはなあに」「cow（牝牛）だよ」「なんでcow

なの，パパ」ときく質問少年は，ビオンの小さい頃の姿そのものです。子ども時代のビオンは次から次に質問する少年でした。ある日，「不思議の国のアリス」を父親が読んでくれていたところ，ビオンがあまりに次々質問するので，父親は怒って読むのをやめてしまいました。ビオンの質問癖は大人たちを辟易とさせたのです。そして，少年ビオンは質問は自分の心のなかにだけ置いておくものだという悲しい現実を知りました。ビオンは小さい頃からすでに真実の探求者だったのです。

　また，本書のなかで「ペニスはすばらしいものです」と語るビオンも，少年ビオンと重なります。少年ビオンは腰をくねくね動かすマスターベーションのとりことなっていたのです。その誕生時からビオンの好奇心と欲望は「知ること」に向けてあらゆる方向に鋭敏に発達していったのかも知れません。そうしてビオンは人生の暗い深淵から目を背けず，「知ること」に人生の意味を掛け，真実を求道していったのです。

　ビオンはイギリスにて数多くの仕事を成し遂げたあと，カリフォルニアに渡りました。そして，本書のように招きに応じて南アメリカ諸国などに赴き，多くの教育啓蒙活動に努めました。そして，子どもたちの近くに住もうとカリフォルニアからイギリスに戻ったわずか2カ月後に，ビオンは急性白血病にてこの世を去りました。私たちに多くの恵みをもたらしたビオンという奇跡は突然幕を閉じたのです。あたかも大地を肥沃にし，突然やんでしまうインドのスコールのように。

　こうして本書の訳業を終えられましたことは，私にとってこの上もない喜びです。多くの方々のご協力をいただきました。なかでも松木邦裕先生には，感謝のしようもありません。コンテイニングの意味を身を持って体験させていただきました。しかし，師の影ははるかまだ遠くにあるというのが実感です。いつか影とらえることを願わんばかりです。

　また，土川隆史先生はじめ，私の心理臨床の基盤を育てくださった名

古屋大学精神医学教室心理グループの諸先輩や仲間たち，また同教室の精神療法グループの諸先生方，あるいは各研究会やセミナーなどで導いてくださったスーパーバイザーや共に学んだ仲間たちなど感謝する方々は数え上げられません。また，私事で恐縮ですが，この間家庭での時間の多くを翻訳作業にさくことになりました。私のわがままを許してくれた妻真紀子にも感謝の意を表わしたいと思います。そして最後になりましたが，不慣れな翻訳作業に適切な助言をいただきました金剛出版の立石正信，山内俊介両氏にもお礼申し上げます。

　本書がビオンの息吹を失うことなく，読者の皆様の臨床に役立たんことを願います。

　1998年3月
　松木邦裕先生とのスーパービジョンが終わる冬まだ明けやらぬ季節に

祖父江　典人

ビオンの年譜

1897年9月8日	インド，パンジャブ地方（当時の英国コロニー）に生まれる 当地で父親が土木技師として働いていた
1905〜1915年	単身にて英国に戻り，ビショップス・ストートフォード・カレッジの小学校（パブリック・スクール：寄宿制私立学校）に入る ※父親の海外勤務，ならびに本国のパブリック・スクールへの入学は当時の英国中流階級の典型的な生活パターンである
1916〜1918年	第一次世界大戦を英国戦車部隊にて戦う。その業績によりレジオン・ドヌール勲章を受ける
1919〜1921年	オックスフォード大学クイーンズ・カレッジにて近代史，哲学を学ぶ。水泳やラグビーの選手としても活躍した
1922〜1923年	母校ビショップス・ストートフォード・スクールにて働く
1924〜1930年	ユニバーシティ・カレッジ病院（ロンドン）にて医学を学ぶ
1930年	医師資格をえる 外科においてゴールド・メダル（最優秀賞）を受ける
1933年	タヴィストック・クリニックに働く（〜1948年） 〔1945〜1946年　同クリニック所長〕
1933年	英国心理学協会医学部門幹事（〜1939年，1946年会

	長）
1934～1935年	サミエル・ベケット（ノーベル文学賞をえた劇作家）の心理療法を行う
1937～1939年	ジョン・リックマンの分析を受ける（第二次世界大戦のため中断となる） ※この正式な精神分析以前にも，ビオンは2度心理療法を受けている
1940年	ベティと結婚（1943年妻は長女の初産において死亡） ※長女は現在精神分析家としてイタリアで働いている
1940～1945年	第二次世界大戦のため，デイビー・ヒューム陸軍病院，チェスター陸軍病院，ノースフィールド陸軍病院にて精神科医として勤務
1945年	メラニー・クラインの分析を受ける（～1953年）
1948年	英国精神分析協会の会員資格をえる／ロンドンにて精神分析個人開業
1951年	フランセスカと再婚（後に一男一女をもうける）
1956～1962年	英国精神分析協会ロンドン精神分析クリニック所長
1962～1965年	英国精神分析協会会長
1966～1968年	英国精神分析協会トレーニング委員会メンバー，出版委員会委員長，メラニー・クライン・トラスト委員長
1968年	カリフォルニアへ移る／精神分析個人開業（～1979年）ときに南米，ヨーロッパを中心に講義，スーパーヴィジョン
1978年	ロサンジェルス精神分析協会名誉会員
1979年	英国オックスフォードに帰る 帰国後，急性骨髄性白血病が見つかり，ジョン・ラドクリフ病院に入院
1979年11月8日	死去

ビオンの著作
Bion's Works

注）＊は邦訳のあるもの。＊の後の番号は，次項に掲載されるビオンの邦訳に対応する

1940 The War of Nerves. In *The Neuroses in War*, edited by Emanuel Miller and H. Crichton-Miller (London: Macmillan & Co. Ltd.).

1943 Intra-group Tensions in Therapy: Their Study as the Task of the Group. *The Lancet* (27 November).

1946 The Leaderless Group Project. *Bulletin of the Menninger Clinic*, 10 (May).

1948 Psychiatry at a Time of Crisis. *British Journal of Medical Psychology*, 21.

1948-1951 *Experiences in Groups, Vols. 1-4* (Human Relations. Subsequently London: Tavistock Publications Ltd., 1961).
＊1

1950 The Imaginary Twin. Presented to The British Psycho-Analytic Society (November) [Bion's membership paper]. *International Journal of Psycho-Analysis* (1955). Also in *Second Thoughts* [see 1967 below].

1952 Group Dynamics: A Re-view. *International Journal of Psycho-Analysis 33*. Also in *New Directions in Psycho-Analysis* (London: Tavistock Publications Ltd., 1955) and in *Experiences in Groups* (London: Tavistock Publications Ltd., 1961).
＊1

1953 Notes on the Theory of Schizophrenia. Presented at the Eighteenth International Psycho-Analytic Congress. *International Journal of Psycho-Analysis*, 35 (1954). Also in *Second Thoughts* [see 1967 below].

1956 Development of Schizophrenic Thought. *International Journal of Psycho-Analysis*, 37 (1956). Also in *Second Thoughts* [see 1967 below].

1957
* 2 Differentiation of the Psychotic from the Non-psychotic Personalities. *International Journal of Psycho-Analysis*, 38 (1957). Also in *Second Thoughts* [see 1967 below].

1957 On Arrogance. Presented at the Twentieth International Psycho-Analytic Congress, Paris. *International Journal of Psycho-Analysis*, 39 (1958). Also in *Second Thoughts* [see 1967 below].

1958 On Hallucination. *International Journal of Psycho-Analysis*, 39. Also in *Second Thoughts* [see 1967 below].

1959
* 3 Attacks on Linking. *International Journal of Psycho-Analysis*, 40. Also in *Second Thoughts* [see 1967 below].

1962
* 4 A Theory of Thinking. *International Journal of Psycho-Analysis*, 53. Also in *Second Thoughts* [see 1967 below].

1962
* 6 *Learning from Experience* (William Heinemann, Medical Books; reprinted London: Karnac Books, 1984). Also in *Seven Servants* [see 1977 below].

1963
* 6 *Elements of Psycho-Analysis* (William Heinemann, Medical Books; reprinted London: Karnac Books, 1984). Also in *Seven Servants* [see 1977 below].

1965
* 6 *Transformations* (William Heinemann, Medical Books; reprinted London: Karnac Books, 1984). Also in *Seven Servants* [see 1977 below].

1966
* 6 Catastrophic Change. *Bulletin No. 5*, British Psycho-Analytic Society. Also in *Attention and Interpretation* (chapter 12) [see 1970 below].

1967
* 2, 3, 4 *Second Thoughts* (William Heinemann, Medical Books; reprinted London: Karnac Books, 1984) [contains the papers indicated above, together with a Commentary].

1967
* 5 Notes on Memory and Desire. *The Psychoanalytic Forum*, 2, No. 3 (Los Angeles, California). Also in *Cogitations* (new extended edition) [see 1992 below].

| 1970 | *Attention and Interpretation* (London: Tavistock Publications; reprinted London: Karnac Books, 1984). Also in *Seven Servants* [see 1977 below].
*6

| 1973 | *Brazilian Lectures, 1* (Rio de Janeiro, Brazil: Imago Editora). Also in *Brazilian Lectures* [see 1990 below].

| 1974 | *Brazilian Lectures, 2* (Rio de Janeiro, Brazil: Imago Editora). Also in *Brazilian Lectures* [see 1990 below].

| 1975 | A *Memoir of the Future, Book One: The Dream* (Rio de Janeiro, Brazil: Imago Editora). Also in A *Memoir of the Future* [see 1990 below].

| 1976 | Emotional Turbulence. Paper given at the International Conference on Borderline Disorders, Topeka, Kansas (March). Published in the book of the conference (New York: International Universities Press, Inc., 1977). Also in *Clinical Seminars and Four Papers* [see 1987 below].
*7

| 1976 | On a Quotation from Freud. Paper given at the International Conference on Borderline Disorders, Topeka, Kansas (March). Published in the book of the conference (New York: International Universities Press, Inc., 1977). Also in *Clinical Seminars and Four Papers* [see 1987 below].
*8

| 1976 | Evidence. *Bulletin 8*, British Psycho-Analytic Society. Also in *Clinical Seminars and Four Papers* [see 1987 below].
*9

| 1976 | Interview with Anthony G. Banet. Published in *The International Journal for Group Facilitators: Group and Organization Studies, 2* (3).

| 1977 | *Seven Servants* (New York: Jason Aronson, Inc.) [contains the four books indicated above].
*6

| 1977 | A *Memoir of the Future, Book Two: The Past Presented* (Rio de Janeiro, Brazil: Imago Editora). Also in A *Memoir of the Future* [see 1990 below].

| 1977 | *Two Papers: The Grid and Caesura* [originally presented as talks to the Los Angeles Psycho-Analytic Society, in 1971 and 1975, respectively] (Rio de Janeiro, Brazil: Imago Editora). [New edition, London: Karnac Books, 1989].

| 1978 | *Four Discussions with W. R. Bion* (Strathclyde: Clunie Press). Also in *Clinical Seminars and Other Works* [see 1994 below].
*10

1979	A *Memoir of the Future, Book Three: The Dawn of Oblivion* (Strathclyde: Clunie Press). Also in A *Memoir of the Future* [see 1990 below].
1979 *11	Making the Best of a Bad Job. *Bulletin*, British Psycho-Analytic Society (February). Also in *Clinical Seminars and Four Papers* [see 1987 below].
1980	*Bion in New York and Sao Paulo* (Strathclyde: Clunie Press).
1981	A *Key to a Memoir of the Future* (Strathclyde: Clunie Press). Also in A *Memoir of the Future* [see 1990 below].
1982	*The Long Week-End—1897-1919* (Oxford: Fleetwood Press).
1985	*All My Sins Remembered* and *The Other Side of Genius* (Oxford: Fleetwood Press).
1986	*Seminari Italiani* (Rome: Borla) [published in Italian only].
1987 *7,8, 9,11	*Clinical Seminars and Four Papers* (Oxford: Fleetwood Press). Also in *Clinical Seminars and Other Works* [see 1994 below].
1990	*Brazilian Lectures* (London: Karnac Books, 1990) [a new one-volume edition of the two books listed above].
1990	*A Memoir of the Future* (London: Karnac Books) [a new one-volume edition of the four books listed above].
1992	*Cogitations* (London: Karnac Books). [New extended edition, London: Karnac Books, 1994].
1994 *7,8,9, 10,11	*Clinical Seminars and Other Works* (London: Karnac Books) [a new one-volume edition of the two books listed above].
1997	*Taming Wild Thoughts* (London: Karnac Books)
1997	*War Memoirs 1917-19* (London: Karnac Books)

ビオンの邦訳

* 1　a．集団精神療法の基礎：池田数好訳，岩崎学術出版社，1973
　　　b．グループ・アプローチ：対馬忠訳，サイマル出版会，1973
　　　　　　　　＊1については，a，b 2種の邦訳書が出されている。
* 2　精神病人格と非精神病人格の識別：義村勝訳（E.B. スピリウス編：メラニー・クライン・トゥデイ①），岩崎学術出版社，1993
* 3　連結することへの攻撃：中川慎一郎訳（E.B. スピリウス編：メラニー・クライン・トゥデイ①），岩崎学術出版社，1993
* 4　思索についての理論：白峰克彦訳（E.B. スピリウス編：メラニー・クライン トゥデイ②），岩崎学術出版社，1993
* 5　記憶と欲望について：中川慎一郎訳（E.B. スピリウス編：メラニー・クライン・トゥデイ③），岩崎学術出版社（出版予定）
* 6　セヴン・サーヴァンツ：福本修訳，法政大学出版局（1998年出版予定）
* 7　情緒の攪乱
* 8　フロイトからの引用
* 9　証拠　　　　　　　　　　　＊7〜11は本書に収録
* 10　ビオンとの対話
* 11　思わしくない仕事に最善を尽くすこと

ビオンの関連書

1．L. グリンベルグほか：ビオン入門（1977），高橋哲郎訳，岩崎学術出版社，1982
2．P. ケースメント：患者から学ぶ：ウィニコットとビオンの臨床応用（1985），松木邦裕訳，岩崎学術出版社，1991
3．R. アンダーソン編：クラインとビオンの臨床講義（1992），小此木啓吾監訳，岩崎学術出版社，1996
4．松木邦裕：対象関係論を学ぶ：クライン派精神分析入門，岩崎学術出版社，1996

索引

あ

アエネイス	112, 118
悪癖	43, 44
あてる	77
アドラー	91
アブラハム	108
アリウス派	147
生きることの三原則	146
依存（dependency）	94
意味	69, 123
――を持つこと	68
イリアス	112
ウィットマン、ウォルト	110
ヴェーダーンタ	147
叡知	29, 64, 93, 148
――の欠如	92
文明の――	113
S-状態	143, 145
横隔膜	83, 107, 115
オデュッセイア	112

か

解釈のじゃま	42
攪乱	55, 56, 81, 103, 110, 111
最も激しい――	100
過渡的な出来事	79
ガニュメデス	137
カミュ	17
ガレノス	149
観点（vertices）	111
カント	47, 129
キーツ	27
奇怪なかけら（bizarre bits）	13
「気違いじみた」という言葉	36
「気違いじみた」という用語	35
基底的想定	57, 94
逆転移	21
共通感覚（コモンセンス）	55
禁止	104
空間	56, 108, 109
空虚な――	84
心的――	139
偶然	101, 102, 103
――の機会	103
くされマンコ（ブラッディ・カント）	116, 117
クライン、メラニー	13, 14, 23, 108, 121, 126
グリーン、アンドレ	116
グループ	54, 57, 102, 103, 104, 105, 111, 113
家族――	57
サブ――	57
つがい――	57
――ワーク	57, 94

芸当（トリック）	109
決断	101, 102
元型	20
言語交流	60
——の曖昧さ	47
——の欠点	131
言語的交流	70
言語の根本的な曖昧さ	75
原子価（valency）	94
現実	48, 136
忌まわしい——	99
根本的な——	52
現実化	141
好奇心	52, 54, 73, 80, 86, 95, 96, 109, 111, 112, 125
自由な——	54
——の空間	53
合理的推測	142
心	
起源的な——	22
真っ白に近い——	126
未熟な——	65
原始的な——	19
根源的な——	20, 22
蒼古的な——	22
ひな型の——（proto-mind）	100, 101
答え	52, 53, 54, 56, 80, 86, 95, 105, 106, 107, 109, 110, 116
時期尚早の早まった——	52
——は，集団のなかにある	53
国家という船	130
コモンセンス	55

さ

錯誤記憶	84, 108, 109, 110, 130
裂目	52, 53
サド	17
猿－芸（悪ふざけ）属	29
シェークスピア	27, 112, 129, 147
自己	138, 139, 142, 147
事実	47, 48, 49, 52, 130, 139
観察された——	68
患者についての——	51
——自体	50
重大な——	69
存在する——	49
誕生という——	61
——に敏感	69
明白な種々の——	68
——を尊重	42
視床恐怖	31, 119
視床不安	96
質問の病気	116
失楽園	100, 140
社会復帰	54
シャルコー	83, 124, 125
手稿	100, 118
正気	
半分——	145
——の自分	145
情緒の攪乱	20, 99, 101, 102
真実	54, 106, 108, 129
——が重要であるという事実	92
患者自身についての——	51
絶対的——	15
——の追究	91
侵襲	28, 29
暴虐的——	26, 27
身体の見込み	139
心的機能の二原則	146
心的空間	139
スィーガル，ハンナ	143

スキナー	89	血まみれの膣（ブラッディ・ヴァギナ）	116
スプリッティング	25	チャーチル, ウインストン	130
スプリット	132	治癒	104, 105, 116
スプリットオフ	13, 126	中間休止（caesura）	64, 100, 103, 104, 110, 112, 115, 119, 125, 128, 132
生育歴	33, 82		
制止	25	死での――	101
制止, 症状, 不安	100	誕生での――	101
精神分析的視点	101	誕生という印象深い――	61, 118, 119
聖母マリアによる（By Our Lady）	117	長距離知覚	121
生理的予測	139	長距離的な感覚	73
選択	101, 102, 104	超自我	22
早産児	63	つがい（pairing）	94
創造性の補償理論	91	テアイテトス	148
想像的推測	139, 142	抵抗	101, 104
ソクラテス	47, 109, 131, 147	デモクリトス	84, 107
ソクラテス的アイロニー	105, 109	転移	79
ソムヌス	118	投影同一化	13
		闘争―逃避（fight-flight）	94

た

ダ・ヴィンチ, レオナルド	55, 100, 110, 118, 129, 149	道徳	23, 24
		意識されることのない――	46
W-状態	143, 144, 145, 146	――基盤	23
胎児	66, 68, 80, 100, 120, 121, 133	――システム	22
早熟な――	68	――体系	22
――の考え	119	――的態度	23
羊水中の――	65	――的な衝動	22
臨月の――	62, 80, 128	――の性質	24
臨月間近の――	132	――の存続	23
タヴィストック・カンファレンス	53	トリック	109
民の声は神の声	111	トロッター, ウィルフレッド	48
ダン	140		
知性	29, 139	### な	
乳房	13, 14, 15, 52, 63, 94	なぜ型の凝視（Why-shaped stare）	123
――との関係	15		
――の形	124	二年目の記念日	140
――そのもの	13	ノヴヌ・オルガヌム	129

は

パーソナリティに対する侵害	27
売春婦	39
売女	39, 40, 41
パイドロス	131
パイドン	47, 131
パリス	137
パリヌルス	118
バリヤー	104, 149
防御用の――	45
パングロス	93
パンチ誌	105
万能的空想	13, 126
反復強迫	109
ピアジェ	44
ピカソ	115, 132
ヒステリー盲	73
副視床恐怖	65, 133
負の能力	27
プラトン	47, 83, 131, 147, 148
ブランショ, モーリス	52, 86, 116
ブレイク・ダウン	85
フレーンズ（phrenes）	83, 107, 115
フロイト	23, 25, 83, 84, 85, 100, 101, 108, 112, 115, 124, 125, 130, 145, 146, 149
平和と戦争における群居の本能	49
ベーコン, フランシス	129
ベーシック・アサンプション（基底的想定）	57, 94
ペニス	30
ヘレネ	137
ボードレール	112
ホッブズ	69
ホメロス	83, 112, 137

ま

マクノートン・ルール	133
又聞きの証拠	41
ミルトン	100, 140, 148
無意識	54
無知	27, 84, 108, 109, 116, 134, 137
――という空間	110
――というすき間	130
――の状態	116
――の深み	115
病気の――	86
無尽蔵なほどの――	131
モア, トーマス	141
モートン, J.B.	130

や

ユング	20, 23
抑圧	101
――されたものの回帰	66

ら

ラファエル	149
ランボー	112
リグ・ヴェーダ	147
リシダス	148
理性（reason）	69
理想化	141
量子仲介	131
良心	22, 133
臨月	80, 121
ルーベンス	149
レヴィ＝ストロース	44
ロック	69

■訳者略歴
祖父江 典人（そぶえ・のりひと）
1957年　愛知県に生まれる
1980年　東京都立大学人文学部心理学専攻卒業
同　年　名古屋大学医学部精神医学教室へ心理研修生として入局
1982年　国立療養所東尾張病院勤務
1984年〜　厚生連更生病院（安城）精神神経科勤務
臨床心理士，専攻・臨床精神分析学

ビオンとの対話［新装版］
そして、最後の四つの論文

1998年6月25日　初版発行
2016年7月20日　新装版発行

著　者　ウィルフレッド・R・ビオン
訳　者　祖父江典人
発行者　立石正信

発行所　株式会社 金剛出版
　　　　〒112-0005　東京都文京区水道1-5-16
　　　　tel. 03-3815-6661　　fax. 03-3818-6848　　http://kongoshuppan.co.jp
印刷・製本　株式会社デジタルパブリッシングサービス
　　　　http://www.d-pub.co.jp　　　　　　　　　　　　　　　　　AH000

ISBN978-4-7724-1505-7 C3011　Printed in Japan ©2016

好評既刊

［新装版］
ビオンの臨床セミナー

［著］ウィルフレッド・R・ビオン

［訳］松木邦裕　祖父江典人

●A5判　●並製　●248頁　●本体 4,500円+税

本書は、
ビオンがケース・プレゼンテーションに応える
貴重な記録であり、
自由で直観的な思索のエッセンスが凝縮している。

好評既刊

[新装版]
再考:精神病の精神分析論

［著］ウィルフレッド・R・ビオン
［監訳］松木邦裕
［訳］中川慎一郎

● A5判 ● 並製 ● 200頁 ● 本体 4,200円+税

精神分析と精神病理論の論文に、
自らが再び思索を深め、
詳しく解説を加えた、
今日の精神分析を理解する上で不可欠の重要文献。

好評既刊

[新装版]
信念と想像：
精神分析のこころの探求

[著]ロナルド・ブリトン
[監訳]松木邦裕
[訳]古賀靖彦

●A5判 ●並製 ●270頁 ●本体 4,500円+税

著者ブリトンの
長年の精神分析臨床に基づいた著作であり、
日々の臨床と精神分析の知識、
文学や哲学について練り上げた重要な文献。

好評既刊

クライン派の発展

[著]ドナルド・メルツァー

[監訳]松木邦裕

[訳]世良 洋　黒河内美鈴

● A5判　●上製　●640頁　●本体 8,500円+税

フロイト−クライン−ビオンを読み解き、
観察技法、臨床実践、
分析理論をトレースしながら
クライン派精神分析の系譜学を樹立する連続講義。

好評既刊

ピグル
ある少女の精神分析的治療の記録

[著]ドナルド・W・ウィニコット
[監訳]妙木浩之

● B6判　● 並製　● 304頁　● 本体 3,200円＋税

児童分析の大家ウィニコットによる、
ピグルというニックネームをもつ少女の
2歳半から5歳2カ月までの
心理療法記録の全貌。